LLYTHYR NOEL
– Dal y Post –

LLYTHYR NOEL
– Dal y Post –

Noel Thomas
Sian Thomas
ac Aled Gwyn Jôb

bwthyn
GWASG Y BWTHYN

Cyhoeddwyd gan Wasg y Bwthyn yn 2023
ISBN 978-1-913996-75-8
Hawlfraint © Gwasg y Bwthyn 2023
Hawlfraint © Noel Thomas/Sian Thomas/Aled Gwyn Jôb.
Mae Noel Thomas/Sian Thomas/Aled Gwyn Jôb wedi
datgan eu hawl dan Ddeddf Hawlfreintiau, Dyluniadau a
Phatentau 1988 i gael ei gydnabod fel awduron y llyfr hwn.

Cyhoeddwyd gyda chymorth ariannol
Cyngor Llyfrau Cymru.

Cyhoeddwyd gan:
Gwasg y Bwthyn, 36 Y Maes, Caernarfon,
Gwynedd LL55 2NN
post@gwasgybwthyn.cymru
www.gwasgybwthyn.cymru
01558 821275

Er cof annwyl am Arfon

Diolch i Aled ac i bawb
sydd wedi fy nghynorthwyo
ar hyd y daith. – *Noel*

CYNNWYS

Noel Thomas a'i Deulu

Cafodd Noel ei groeshoelio, a daliwyd
    ei deulu gan wawdio
    ond hwy er y clwy a'r clo
    yn arwyr dewr eu herio.

Yn eu hing ac yn eu hangen, harddwch
    eu hurddas oedd dderwen
    a'u sêl oedd uwchlaw y sen
    yn ymgyrch y gwir amgen.

Ond er y gwyrgam gamwedd, a thrawma
    gorthrymus anwiredd,
    rhodiant yn llawn anrhydedd
    a hoe i fwynhau yr hedd.

— *John Owen*

Rhagair

Mae hon yn stori Dafydd a Goliath go iawn. Stori un dyn bach yn erbyn cawr y Swyddfa Bost. Stori ysbrydoledig am sut y llwyddodd Dafydd o'n cyfnod ni i lorio'r cawr mawr yn y pen draw, er gwaetha ei holl bŵer, ei holl statws a'i holl ddylanwad.

Mae'r rhan fwyaf ohonom yn gyfarwydd â hanes carcharu'r is-bostfeistr Noel Thomas o'r Gaerwen am ffug-gyfrifo (*false accounting*) yn 2006, a'r ffaith ei bod wedi cymryd pymtheg mlynedd – hyd at Ebrill 2021 – iddo gael ei glirio o'r holl gyhuddiadau yn ei erbyn yn y Goruchaf Lys yn Llundain.

Bryd hynny profwyd y tu hwnt i bob amheuaeth bod yr hyn yr oedd Noel Thomas wedi ei fynnu ar hyd y blynyddoedd, sef bod diffygion difrifol yn Horizon, pecyn cyfrifo cyfrifiadurol y Swyddfa Bost, yn gwbl gywir. Daethai'r un dynged i ran dros 700 o is-bostfeistri eraill trwy Brydain dros gyfnod o flynyddoedd lawer.

Am y tro cyntaf, dyma adrodd yr hanes llawn am yr anghyfiawnder difrifol a ddaeth i ran Hughie Noel Thomas, Gaerwen, Ynys Môn.

Roedd Noel yn ŵr uchel iawn ei barch yn ei gymuned; bu'n gynghorydd sir lleol ers bron i ugain mlynedd a bu'n rhedeg Swyddfa Bost y Gaerwen am ddeuddeg mlynedd hyd at yr adeg y cafodd ei gyhuddo a'i garcharu ar gam. Yn wir, roedd yn unigolyn adnabyddus drwy'r ynys gyfan gan iddo weithio i'r Swyddfa Bost yn lleol am 42 o flynyddoedd.

Bydd y llyfr hwn yn olrhain yr ymdrech hir, boenus, a ymddangosai weithiau yn ddiddiwedd, i adfer enw da gŵr, tad a thaid a derbyn iawn am y colledion ariannol mawr a ddaeth i'w ran, yn bersonol ac yn broffesiynol, yn dilyn ei garchariad.

Mae'n stori hefyd am ddewrder un teulu Cymraeg cyffredin yn ymladd yn erbyn y system am flynyddoedd mawr a sut y llwyddon nhw i gynnal eu hysbryd a chadw eu gobaith yn fyw ar hyd y blynyddoedd hynny er gwaetha pob gwrthwynebiad, pob rhwystr, a phob amheuaeth.

Stori am deulu cyfan felly. Teulu sy'n cynrychioli halen a daear Môn yn y bôn. Mae eu hanes hwy yn dangos yn eglur pa mor eithriadol o bwysig yw teulu a pherthyn ar Ynys Môn o hyd.

O'r cychwyn cyntaf, datblygodd Sian Thomas, merch Noel, rôl iddi'i hun fel arweinydd y teulu hwn yn eu hymdrech fawr. Rhoddodd flynyddoedd o'i bywyd i ymchwilio i'r hyn a ddigwyddodd i'w thad, dysgodd am wendidau'r system gyfiawnder a chreodd gysylltiadau gyda phobl o bob man wrth fynnu cyrraedd gwraidd y mater. Byddwn yn clywed ei llais am yn ail â llais Noel yn y llyfr wrth iddi adrodd yr hanes o safbwynt y teulu, a'r effaith a gafodd yr holl saga arnyn nhw.

Wrth godi cwestiynau am y diffygion difrifol a welir yn y system gyfiawnder sy'n bodoli yma ar Ynysoedd Prydain ar hyn o bryd, bydd *Llythyr Noel* hefyd yn ceisio taflu goleuni ar yr hyn a ddisgrifiwyd gan fargyfreithiwr amlwg fel y 'biggest miscarriage of justice in UK legal history'.

Mae yna gwestiynau i'w hateb hefyd am rôl llywodraethau yn sgandal fawr y Swyddfa Bost; wedi'r cwbl, oni fu pedair llywodraeth wahanol yn rheoli dros ugain mlynedd yr anfri? Mae'r sefyllfa yn waeth byth o gofio bod y Post Brenhinol yn dal o dan adain Llywodraeth San Steffan, er gwerthu rhannau eraill o'r busnes dros y blynyddoedd. Rhaid hefyd dynnu sylw at gysylltiad gwahanol lywodraethau yn eu tro â chwmni mawr

Fujitsu, y cwmni oedd yn gyfrifol am system gyfrifiadurol fethiannus Horizon. Nid yw'r berthynas honno wedi ei hegluro'n llawn hyd yma.

Wrth i'r llyfr hwn fynd i'r wasg, mae ymchwiliad swyddogol i'r holl achos yn mynd rhagddo dan gadeiryddiaeth Syr Wyn Williams, Cymro di-Gymraeg o Ferndale yn y Rhondda.

Wrth geisio sefydlu pwy a beth oedd ar fai, mae'r ymchwiliad eisoes wedi holi rhai o brif swyddogion y Swyddfa Bost a Fujitsu am yr hyn a ddigwyddodd. Awgryma rhai y bydd ambell wleidydd amlwg o'r gorffennol a oedd ynghlwm wrth y penderfyniad i gyflwyno'r system gyfrifiadurol i'r swyddfeydd post yn gorfod ymddangos yn hwyr neu'n hwyrach. Bydd yr ymchwiliad hefyd yn penderfynu ar yr iawndal sy'n ddyledus i isbostfeistri am yr effeithiau seicolegol ac ariannol a achoswyd iddynt dros y blynyddoedd diwethaf.

Mae'n amlwg bod llawer i'w ddatgelu eto am sgandal fawr y Swyddfa Bost a'r modd y cafodd 700 o is-bostfeistri eu trin, a diau y bydd mwy byth o wybodaeth wedi dod i'r golwg erbyn i'r llyfr hwn ymddangos. Mae'n fwy na phosib y bydd angen dilyniant iddo gyda hyn!

Gobaith Noel yw y bydd cyhoeddi ei stori fel hyn yn fodd i sicrhau na fydd yr un peth byth yn digwydd i unrhyw unigolyn, nac i unrhyw deulu eto yn y dyfodol. Hoffai weld yr ymchwiliad yn mynd i wraidd yr holl sgandal a gorfodi'r Swyddfa Bost i fod yn atebol mewn llys barn ryw ddydd am yr hyn y gorfodon nhw bobl gyffredin i'w ddioddef.

Nid dial yw'r hyn y mae'n galw amdano; galw y mae am fwy o onestrwydd, mwy o atebolrwydd a mwy o ddysgu o'r camgymeriadau a wnaed. Mae'n gobeithio hefyd am drafodaeth ynglŷn â phriodolrwydd ein system gyfiawnder bresennol a gosod yn ei lle drefn sy'n agosach at bobl, un sy'n gallu gweithredu'n gynt ac a fydd yn fwy atebol i'r cyhoedd. Ac yntau'n Gymro mawr, byddai Noel yn croesawu cyflwyno System Gyfiawnder i Gymru a chreu trefn sy'n addas i'r genedl ar gyfer yr unfed ganrif ar hugain.

∗

Hoffwn ddiolch o galon i Noel am roi cymaint o'i amser imi dros y misoedd diwethaf i esbonio'r hyn a ddigwyddodd iddo. Fe wnaeth hynny mewn modd agored a gonest iawn, er bod dwyn yr atgofion i gof wedi bod yn brofiad anodd a phoenus iddo yn aml. Hoffwn ddiolch yn fawr i'r teulu hefyd am eu cefnogaeth gyson hwythau i'r broses o lunio'r stori hon.

Dwi'n hynod o ddiolchgar i Sian yn benodol am yr holl waith ymchwil y mae hi wedi'i wneud yn bersonol i'r hanes, a'r holl gysylltiadau gwerthfawr y mae hi wedi eu datblygu dros y blynyddoedd diwethaf. Mae'r holl ymchwil y mae hi wedi'i wneud wedi helpu fy ngwaith i gyda'r llyfr hwn yn eithriadol.

Hoffwn ddiolch i Marred Glynn Jones a Meinir Pierce Jones o Wasg y Bwthyn am eu harweiniad a'u hanogaeth hwy yn ystod y gwaith o baratoi'r gyfrol a'i llywio trwy'r wasg.

Os oes unrhyw gamgymeriadau neu wendidau yn parhau, fy mai i fel awdur yw'r rheiny a dwi'n ymddiheuro rhag blaen.

Dewiswyd y teitl *Llythyr Noel* ar gyfer y llyfr oherwydd fod Noel wedi treulio cymaint o amser fel postmon, ac wedi cyflwyno cymaint o lythyrau trwy flychau post pobl Ynys Môn ar hyd y blynyddoedd.

Y tro hwn, ei lythyr o gaiff ei gyflwyno a'i ddarllen, a dwi'n mawr obeithio y caiff pawb flas ar ddarllen ei gynnwys.

ALED GWYN JÔB

I

Y Noson Gyntaf

CLEP!

Drws mawr du yn cau ar ddiwrnod gwaetha 'mywyd i.

Ffeindio'n hun mewn cell flêr, fechan, dywyll.

Carchar.

Walton.

Lerpwl.

Ydi fan hyn.

Dau fync, pedair wal. Ffenast fach gul.

Cymryd llwnc. Cymryd llwnc arall.

A dyna'r sŵn yn cychwyn o 'nghwmpas i.

Y gweiddi. Y sgrechian.

Y curo di-stop ar y drysau.

Pobol eraill. Pobol fatha fi. Wedi landio yma.

O rywle, daeth geiriau'r hen emyn i 'meddwl i: 'Pan oeddem ni mewn carchar tywyll, du . . .'

Wedi ei ganu fo droeon.

Ond rioed 'di meddwl y basa'r geiriau hynny byth yn dod yn wir.

Yn digwydd yn fy hanes i.

Gorwedd lawr yn fy nillad ar y bync gwaelod.

Dim pyjamas, dim bag dros nos, dim byd.

Dim ond matras galed a blancad denau.

A'r sŵn wedyn yn dechrau yn fy mhen fy hun.

Yr un mor swnllyd, yr un mor ddi-stop.

Yn mynd rownd a rownd a rownd.

Sut affliw mae dyn yn gallu mynd o Baradwys, y lle

braf, saff, cynnes hwnnw lle ges i fy magu, a landio yn yr uffern perig yma?

Pam ddiawl wnes i wrando ar fy nghyfreithiwr a phledio'n euog yn y llys yna?

A dyma fi yma er yr holl eiriau.

Pam na wnaeth y blincin *call centre* yna wrando arna i?

Faint o weithiau wnes i eu ffonio nhw i ddeud bod yna broblem efo'r system Horizon – deg, dwsin o weithiau reit saff.

'So, what are you in for, mate?'

Llais Sgows cryf.

Y boi yn y bync uwch 'y mhen i yn torri ar draws fy meddyliau.

Finna'n deud wrtho 'mod i wedi cael fy jêlio am ddwyn oddi ar y Swyddfa Bost.

A hynny ar gam.

'Yes, sure, mate. We've all got to say that, haven't we, to keep ourselves going in here.'

Hynna 'nharo fi fel gordd ar 'y nhalcen.

Ai cysuro fy hun ydw i?

Gollais i rywbeth yn yr holl sbio 'nôl diddiwedd?

Ond bu sgwrs Ian wedyn yn gysur ynddo'i hun.

'Nghadw fi i fynd am dipyn.

Sôn am ei brofiadau i mewn ac allan o'r jêl.

Rwdlian braidd ond eto, braf gallu *switch-off* am gyfnod.

Ond wedyn tawelwch wrth iddo ddisgyn i gysgu.

Finna wedyn 'nôl yn y tywyllwch, 'nôl efo 'meddyliau.

Methu cysgu. Methu setlo. Methu coelio.

2.00 . . . 3.00 . . . 4.00 . . . 5.00 . . .

Y cloc ar y wal yn symud yn ei flaen yn ddiawledig o ara deg.

Fel tae o'n cael pleser yn fy ngwylio i yn ei wylio fo.

Sut oedd yr emyn yna'n mynd? Be oedd o eto? G . . . g . . . o ia, goleuni . . . 'Rhoist in oleuni . . . Rhoist in oleuni nefol.'

Hy! Mae unrhyw oleuni i'w weld yn bell i ffwrdd yn y düwch yma.

Yn yr uffern yma. Yn yr . . .

Iesgob . . . be fasa Mam a Nhad druan yn ei neud o hyn i gyd?

Mae chwys oer yn dod drosta i wrth feddwl am y peth.

Jest diolch i Dduw eu bod wedi hen fynd o'r byd gwallgo yma.

Ond mae gweddill y teulu dal yn ei chanol hi. Dal yng nghanol y storm.

Sut affliw maen nhw yn mynd i gôpio efo hyn i gyd?

Maen nhw'n mynd i orfod *face the music* . . . wynebu'r cyhoedd 'rôl yr holl sylw gan y *media*.

A finna'n styc fan hyn. Am faint? Naw mis?

'Nine months. Take him down . . .'

Dyna eiriau'r barnwr y bore hwnnw yn y llys fatha gordd arall ar fy meddwl.

Cofio sbio fyny ar wynebau Sian, Arfon, Edwin, Gêl ac Anti Gwenda yn y *public gallery* a'r golwg gwyn, *shocked* oedd arnyn nhw wrth sbio lawr arna i yn y doc.

Be sy'n mynd i ddigwydd i'r Post yn Gaerwen rŵan a nhwythau wedi ei gau o?

Be sy'n mynd i ddigwydd i'r cwsmeriaid?

Cwestiynau. Cwestiynau. Un ar ôl y llall.

Y cloc yn deud 5.00 rŵan.

Mae'r gweiddi a'r sgrechian yn cychwyn eto o 'nghwmpas i.

Ella mai dyna ddylswn inna 'i wneud hefyd.

Isio gweiddi a sgrechian ydw i hefyd.

Dim jest gorwedd yn llipa fan hyn.

Ond wedyn, nid un felna ydw i.

'Di'r cythraul hwnnw ddim yna i.

Yn Sian y ferch mae hwnnw; ond 'di o ddim yna i.

Chhh . . . Chhhhhhhhhh . . .

Sŵn Ian yn chwyrnu'n braf uwch 'y mhen i yn torri ar draws y meddyliau.

Mae o'n amlwg wedi hen setlo yn y diawl lle 'ma.

Dyna ryw fath o gwsg yn syrthio drosta i o'r diwedd.

A dwi'n cael dengid.

Dwi'n reidio fy meic eto.

Lawr trwy Baradwys lawr yr hen allt eto.

Mae'n fora, ar y rownd gyntaf yna eto.

Y mynyddoedd o 'mlaen i. Blynyddoedd o 'mlaen i.
Y gwynt trwy 'ngwallt i a finna'n teimlo mor rhydd, mor
rhydd . . .

'Let's be having you!' Llais cras yn torri ar draws y
freuddwyd ac yn fy llusgo oddi ar y beic. O Baradwys yn
ôl i Uffern.

Agor llygid blinedig. Gweld y du yna o 'mlaen i.

Un o *officers* y jêl yn ei iwnifform fawr ddu yn sefyll o
flaen y byncs.32

Mae'n hanner awr wedi chwech; mae yna frecwast
ymhen awr.

Does dim awydd bwyd arna i. Dwi jest isio mynd 'nôl at
y freuddwyd. 'Nôl ar y beic.

Noel ar y beic. Fel oedd hi stalwm. Cyn y gachfa hon.

'C'mon, mate. You've just got to make the best of it now.
Sooner you accept you're in here, the easier it gets.'

Llais Ian uwch 'y mhen.

Isio sgrechian arna fo 'mod i'n ddieuog. Nad o'n i wedi
gneud dim byd. Bod ar 'y nheulu f'angen i.

Ond i be?

Mae golwg un sy wedi clywed straeon felly o'r blaen
arno fo. Ac wedi hen flino arnyn nhw hefyd.

Dim byd amdani ond llusgo'n hun o'r bync a straffaglio
i'r tŷ bach yng nghefn y gell.

Dyna rywbeth arall yn fflachio ar draws 'y meddwl i.
Y Waltons.

Arfer licio'r gyfres deledu honno ers talwm.

'Night, John-Boy', 'Night, Mary Ellen', 'Night, Erin',
'Night, Grandma', 'Night, Grandpa . . .'

Y rhannu nos da mor annwyl yna. Y cynhesrwydd
hwnnw mor braf rhyngddyn nhw. Y cynhesrwydd oedd
gen i adra efo 'nheulu fy hun.

Gwayw arall trwy'r galon ydi meddwl am y Waltons yma.

Dim teulu. Dim cnesrwydd. Dim cysur. Dim cariad.

Torri allan i grio'n uchel yn y tŷ bach blêr yn y cefn. Sut bod hi wedi dod i hyn arna i?

'C'mon, soft lad.' Y Sgowsar yn curo ar y drws tro hyn.

Methu symud am sbelan. Fel taswn i wedi rhewi ar sêt y tŷ bach.

Ond allan â fi, a'r dagrau dal yn powlian lawr 'y mochau fi.

I wynebu'r uffern oedd o 'mlaen i . . .

2

Magwraeth ym Malltraeth

Ges i 'ngeni ddiwrnod cyn Dolig yn 1946 a chael yr enw Noel yn bresant am hynny. Mae'n debyg mai'r Canon Orig Evans o Drefdraeth awgrymodd yr enw wrth Nhad, gan ddangos bod yr Eglwys wedi bod yn dipyn o ddylanwad arna i o'r cychwyn a deud y gwir.

Mi ro'n i'n dipyn o syrpréis, dwi'n meddwl, gan fod fy mam a 'nhad yn hŷn yn priodi, a ddaeth 'na neb ar fy ôl i wedyn chwaith.

Falla bod syrpreisys yn rhan o'r teulu gan mai'r hanes ydi bod y Thomases wedi cychwyn yma ar Ynys Môn wrth i ferch feichiog o Ynys Enlli gael ei rhwyfo i Fôn jest cyn i'r plentyn gael ei eni. Yn ôl y sôn roedd y plentyn hwnnw, fy hen daid, yn fab anghyfreithlon i Thomas Williams, 'Brenin Enlli'. Wedi i Jane Thomas, mam y plentyn, landio yma mi setlodd hi'n dda a chael pedwar ar ddeg o blant eraill! Ar Enlli yn 1789 y cafodd hi ei geni ac wedyn treulio gweddill ei bywyd ar ynys gwbwl wahanol.

Mae'n beth rhyfedd ond dwi wastad wedi teimlo rhyw dynfa at Ynys Enlli, a wastad wedi dweud wrtha fy hun 'mod i am fynd yno ryw ddydd. Mae'r syniad o fod yn perthyn i 'frenin' hefyd yn reit eironig gan fod y Post Brenhinol wedi dod i chwarae cymaint o ran yn fy mywyd i mewn gwahanol ffyrdd. A newid fy mywyd i yn llwyr hefyd.

Mi dreuliais dair blynedd gyntaf fy mywyd mewn bwthyn bach o'r enw Glandwr yn Nhrefdraeth. Pan o'n i'n dair oed, mi symudson ni i Malltraeth wrth i Mam, Annie Mary, gymryd busnas Bodfal House drosodd gan ei mam hithau, Kate Jones.

Siop bentra draddodiadol oedd Bodfal House yn gwerthu pob dim fasach chi isio bryd hynny, ac mi ddaeth y lle i chwarae rhan bwysig iawn yn fy mywyd i. Roedd Nain, Kate Jones, hefyd yn byw efo ni yn Bodfal House ac mi roedd hi'n ddylanwad mawr arna i. Hi oedd y *chief* reit siŵr.

Gwas ffarm oedd Nhad, Hugh, ac mi gafodd ei fagu yn ardal Dothan, ond symudodd i Drefdraeth wedi i'w fam ailbriodi 'rôl colli ei gŵr cynta yn y Rhyfel Mawr.

Mi wnaeth Mam a Nhad gyfarfod mewn dawns yn y *schoolroom* yn Bethel. Roedd y ddau ohonyn nhw yn gymeriadau gwahanol iawn i'w gilydd reit siŵr, ond eto roedd y bartneriaeth yn gweithio hefyd, ac mi ges blentyndod braf iawn o dan eu hadain nhw.

Ymhen amser, cafodd Nhad waith fel portar/ *signalman* yn Llangwyllog, Llangefni ac Amlwch cyn symud i Gaernarfon, a mynd 'nôl a blaen o fanno ar yr hen fferi oedd yn mynd drosodd o Tal-y-foel, wrth ymyl Brynsiencyn. Wedyn, mi gafodd waith yn gweithio ar y relwe yn Stesion Bodorgan fel *signalman*, a 'dw inna wedi etifeddu y diddordeb mawr hwnnw mewn trêns. Ond 'rôl gweithio yn fanno am rai blynyddoedd, roedd rhaid i Nhad symud adra i helpu Mam efo'r busnas yn Bodfal House wrth i hwnnw ddatblygu.

A bod yn hollol onest, doedd Nhad ddim yn rhy fodlon am hynny gan ei fod o reit hapus ei fyd ar y relwe. Ond roedd angen pâr arall o ddwylo yn Bodfal House, ac felly doedd ganddo ddim dewis a deud y gwir.

Fel ro'n i'n deud, siop gyffredinol yn gwerthu pob math o bethau oedd Bodfal House, y math o siop oedd yn gyffredin iawn yng nghefn gwlad tan yn reit ddiweddar, tan i'r *supermarkets* 'ma gymryd drosodd.

Be dwi'n ei gofio o'r cychwyn ydi 'mod i wedi cael fy

magu yn y busnas ac yn rhan ohono mewn gwahanol ffyrdd. Ro'n i wedi cael ar ddallt o'r dechrau os oeddwn i isio pres pocad, roedd rhaid imi helpu yn y busnas a'r tŷ. Mae'n siŵr 'mod i'n chwech oed yn dechrau arni yn y siop wrth roi pethau ar y silffoedd a serfio tu ôl i'r cowntar hefyd. Er mai unig blentyn oeddwn i ches i mo fy sbwylio, a dwi'n reit falch o hynny a deud y gwir.

Dwi'n cofio rhoi Mam mewn lle cas unwaith. Daeth cwsmar i'r siop i ofyn am rywbeth a Mam yn dweud wrthi, 'Does ganddon ni mohono fo, mae'n ddrwg iawn gen i.'

A finna'n deud, 'Ond Mam, mae ganddon ni beth dan y cowntar yn fan hyn ...'

Mi ges bryd o dafod am hynny reit saff!

Roedd yna bump o siopau ym Malltraeth pan o'n i'n tyfu fyny, a digon o fusnas iddyn nhw i gyd a bod yn onest. Ar wahân i Bodfal House, roedd Siop Pritchard dros y lôn inni, Siop Newydd i fyny'r lôn, wedyn Y Post, ac yna Siop Ensor y bwtsiar.

Mam oedd y sgolar acw a deud y gwir; hi oedd pen y busnas a syniad da iawn ganddi sut i redeg pethau. Wrth gwrs, roedd hi wedi cael addysg dda gan ei mam ei hun, Kate Jones, a oedd wedi rhedeg y busnas ers 1910 – ac a barhaodd i redeg y busnas efo fy mam tan iddi farw.

Doedd gan Nhad ddim yr un synnwyr busnas â Mam. Fel sonis i, wedi cael ei lusgo i'r busnas oedd o mewn ffordd, ac yn sicr doedd ganddo ddim cymaint o fynadd efo'r cwsmeriaid ag oedd gan Mam. Roedd Mam yn cael hanes pawb yn y siop, a hithau wrth ei bodd yn cael sgwrs efo hwn a'r llall a gwrando ar eu straeon nhw a'u cwynion nhw a'u problemau nhw'n aml.

Byddai Nhad yn bownsio'n aml wrth weld hyn yn digwydd. Dwi'n ei gofio fo'n dweud, 'Annie Mary – 'dach chi wedi cymryd dros hanner awr i werthu'r un dim i'r cwsmer yna. Dim ond sgwrsio ydach chi wedi'i wneud efo nhw!'

Ond roedd Mam yn graff iawn wrth wrando ar straeon

pawb. Roedd hi'n cael stori gan un a stori arall gan y llall, ac wedyn roedd rhaid iddi hi ddysgu'u balansio nhw yn ei meddwl a thrio gweithio allan be oedd y stori go iawn. Gan ei bod hi mor dda am wrando, roedd ganddi hefyd sgiliau fel rhyw fath o *counsellor*, dwi'n meddwl. Bu ei gweld hi yn gwneud hynny yn addysg ynddo'i hun i mi, ac mi ddoth yn handi iawn flynyddoedd lawr y lein pan ddois i yn bostfeistr.

Roedd gan Mam dair o gyfnitherod yn byw yn y pentra, a'r rheiny'n aml yn ffraeo efo'i gilydd am wahanol bethau. Deuai'r dair i'r siop yn eu tro i gwyno wrth fy mam, a Mam yn gorfod trio cadw'r heddwch rhyngddyn nhw. Byddai Nhad eto yn cwyno ei bod hi'n gwastraffu amser yn trio cadw'r ddysgl yn wastad. Mi ddeudai'n aml, 'Dudwch wrthyn nhw i beidio dod mewn yma i hewian cymaint.' Ond wedyn roedd ar dân i wybod yr hanes i gyd dros swpar gyda'r nos.

Yng nghefn yr ardd hir oedd ganddon ni yn Bodfal House byddai Mam yn cadw moch. Âi holl wast y siop i fwydo'r moch; roedd hi'n drefn oedd yn gweithio'n reit dda hefyd.

Fel ei mam o'i blaen hi roedd gan Mam gontract efo Cwmni Isaac Parry ar y cei yng Nghaernarfon, ac mi roedd o'n dod draw bob dydd Mawrth a dydd Gwener i werthu pethau fel peis, becyn a thraed moch i'r busnas. Mi fyddan nhw'n dod draw hefyd i brynu'r moch a ninnau'n cael y pennau 'nôl wedyn i wneud brôn. Dwi'n cofio gweiddi unwaith ar Lei Parry, mab Isaac Parry, 'Cofiwch dynnu eu llygid nhw, wir Dduw, cyn dod â nhw 'nôl atan ni!' Mae'n rhyfedd sut roedd busnas y moch yn ffitio i mewn rownd popeth arall o'n cwmpas ni bryd hynny heb inni feddwl dim amdano, na'i weld o'n broblem o fath yn y byd.

Ar ddydd Llun, byddai cyfnither i Mam yn dod draw i wneud y golchi yn y boeler mawr oedd ganddon ni yn y sied yn y cefn. Wedyn, dydd Mawrth, byddai Mam yn berwi pennau'r moch yn yr un lle'n union. Dwi'm yn cofio neb yn cael haint na dim byd; rhaid bod *immune system* pobol lot cryfach bryd hynny.

Dyna finna wedyn yn cael fy nysgu gan Mam i wneud ein ham ein hunain, a sut i roi mêl a siwgwr brown arno fo er mwyn ei werthu yn y siop.

Dwi'n ei chofio hi hefyd yn fy nysgu i fônio becyn a sut i dorri'r *shoulder* i fyny a gwneud lobsgows ohono. Yn yr haf wedyn mi faswn i'n tynnu'r asennau fesul un ac yn helpu Mam i'w gwerthu nhw am swllt yn y siop.

Doedd dim amheuaeth nad oedd gan Mam sgiliau busnas ardderchog, ac mi roedd hi wastad yn gweithio'n galed i gadw perthynas dda efo'r cwsmeriaid a'r cyflenwyr. Roedd yna lot o drafaelwyr yn galw heibio efo'u nwyddau: Sunblest, Menyn Eifion South Caernarfonshire Creameries, Baco Amlwch, Becws Dwyran, McVitie's Biscuits ac ati, a Mam wastad yn rhoi croeso mawr iddyn nhw.

Roedd tad Walter Glyn, y cerddor amlwg, yn un o'r trafaelwyr hyn a ddeuai i'r siop efo cyflenwad o faco a ballu. Byddai'n cyrraedd acw tua saith yr hwyr a Mam yn rhoi swpar iddo. Yno y byddai o wedyn yn gneud ei lyfrau a ddim yn gadael tan tua deg.

Un arall oedd acw'n aml ac yn ffrindiau mawr inni oedd Guto Roberts, yr actor ar y gyfres anfarwol honno, *Fo a Fe*. Roedd Guto yn dreifio am flynyddoedd i South Caernarfonshire Creameries ac yn dod â chawsys a ballu i Bodfal House.

Roedd pob trafaeliwr yn cael pryd o fwyd gan Mam cyn iddyn nhw adael a hynny'n talu ar ei ganfed i'r busnas, wrth gwrs. Byddai sawl un yn gadael pymtheg pei am bris dwsin, neu bymtheg torth am ddwsin ac yn y blaen. Mi fyddai ei lobsgows hi wastad yn mynd lawr yn dda efo'r trafaelwyr – ond un noson dwi'n cofio Nhad yn lloerig pan ddaeth adra a ffeindio bod y trafaeliwrs wedi llowcio'r lobsgows i gyd heb adael diferyn ar ôl iddo fo!

Roedd ganddi hefyd berthynas dda efo ffermwyr y cylch. Mi fyddan nhw'n dod i mewn i Bodfal House efo menyn, tatw, caraits ac ati, a Mam yn rhoi neges iddyn nhw'n ôl – math o *barter system* mewn ffordd heb ddim pres yn newid dwylo.

Roedd yna fynd mawr ar faco a sigaréts bryd hynny hefyd. Dwi'n cofio bocsys mawr o Embassy yn cyrraedd acw: 10,000 o sigaréts mewn bocs! Mae Capstan Super Strength, Players a Woodbines yn rhai o'r enwau eraill dwi'n eu cofio. Doedd dim stigma am smocio bryd hynny am nad oeddan ni'n gwybod am ei holl effeithiau ar iechyd fel rydan ni erbyn hyn. Mae'n siŵr gen i bod tua hanner cant y cant o bobol yr ardal yn smocio bryd hynny, yn ddynion ac yn ferchaid hefyd. Rhaid bod dylanwad y ffilmiau a oedd mor boblogaidd 'radeg honno, a phawb yn smocio ynddyn nhw, yn cyfrannu at boblogrwydd smocio. Dwi'n dallt mai tua 22% sy'n smocio yng Nghymru heddiw, sy'n siŵr o fod yn beth da o ran iechyd pawb.

Yn well i ddillad pawb hefyd, debyg. Doedd dim pwynt gwisgo crys gwyn i fynd allan ar nos Wener neu nos Sadwrn gan y byddai wedi troi'n felyn erbyn drannoeth. Dwi'n cofio'r mwg yn dawch – *haze* – mawr dros y dafarn a phrin bod rhywun yn gallu gweld mwy na rhyw chwe modfedd o'i flaen, cymaint oedd y cwmwl mwg o'n cwmpas. Mae'n dda bod y dyddiau hynny wedi mynd.

Ymhen rhai blynyddoedd, daeth Siop Newydd, siop arall yn y pentref, yn wag a dwi'n cofio Mam yn rhoid y glec dros swpar un noson. 'Ylwch, dwi wedi prynu Siop Newydd,' meddai hi.

'Faint 'dach chi wedi'i dalu?' holodd Nhad.

'Mil a chwe chant o bunnau.'

'Iesgob, mae isio sbio'ch pen chi!' atebodd Nhad.

Dwi'n cofio'r olwg ar ei wyneb wrth glywed y newydd fel tasa'n ddoe. Roedd Nhad – ac yntau wedi ei eni a'i fagu'n dlawd – yn poeni a fasen ni'n gallu fforddio'r siop ac aeth ati, chwarae teg iddo, i wneud jobsys ychwanegol fel toeo siediau Siop Newydd am fisoedd cyn inni symud i mewn er mwyn cael mwy o bres yn gefn inni.

Ond unwaith eto roedd Mam yn gwybod ei phethau. Roedd hi wedi gwneud ei hymchwil, ei *research*. Mi roedd Siop Newydd yn fwy, ac efo lle i'w ddatblygu fel y gellid gwerthu pethau newydd i'r cwsmeriaid oedd ganddi. Roedd y siop yma, yn ogystal, i fod yn *self-service*, bwriad a yrrodd Nhad yn lloerig i gychwyn arni gan ei fod o'n meddwl y byddai pobol yn mynd i ddwyn pob dim. Yn aml byddai'n deud wrtha i, 'Gwatsia hwn a gwatsia hon .. .' Ond buan y daethon ni i ddallt y drefn newydd.

Dwi'n cofio Mr Jones, Pennant, a oedd yn werthwr o ryw fath, yn perswadio Mam i ordro *fridge-freezer* ar gyfer Siop Newydd gan fod ganddon ni fwy o le yno, a dyma Mam efo'r pen busnas oedd ganddi yn negoshietio cael y *fridge-freezer* am ddim a dim ond yn talu am y stwff a fyddai'n mynd iddi. Trefnodd Mam bod rhyw foi o Rhyl yn dod yno i'w gosod hi, ac ymateb cynta Nhad wrth ei weld oedd, 'Be ddiawl ydi hwn rŵan?'

Ond roeddan ni'n medru gwerthu pethau fel *fish fingers* a ballu wedyn, a hyd yn oed rhywbeth o'r enw 'Beef Dinner for One'. Sylw Nhad oedd, 'Arglwydd! Fedar neb wneud cinio i'w hunain heddiw 'di mynd?' Ond Mam oedd yn iawn unwaith eto, ac mi fuo prynu'r *fridge-freezer* yn llwyddiannus iawn inni fel busnas.

Mae gen i gof i un o'r mamau efo deg o blant yn y pentra ddod i mewn y diwrnod wedi i'r peiriant gael ei osod a phrynu'r cwbwl oedd ynddo. Allai Nhad ddim coelio'r peth!

Mae'n siŵr y basan ni'n galw Mam yn berson *entrepreneurial* heddiw gan ei bod hi wastad yn gweld cyfleon newydd i werthu, ac i gynnig pethau newydd i'w chwsmeriaid. Mi brynai benwaig gan Johnny Penwaig a fi'n cael y gwaith o'u llnau nhw a'u gwerthu nhw yn y siop am dair ceiniog. Roedd hi hefyd yn gwneud *penny ducks* – rôls efo stumog mochyn rowndyn-nhw oedd rhain. Ceiniog yr un oedd y pris, ac mi roeddan nhw'n fflio mynd ganddi hefyd.

Peth arall oedd yn cael ei werthu yn y siop oedd asiffeta, ffisig at bob math o anhwylder stumog. Roedd o'n stwff afiach, ond eto mi roedd o'n gneud y job. Cwmni o Sheffield, Carters, oedd yn dod â fo ar y trên i Bodorgan, a Mam wedyn yn ei gadw mewn potel ddu wrth y cowntar ac yn ei serfio fo fesul owns i bobol.

Mi roedd hi'n andros o addysg dda imi ddod i nabod yr holl gymeriadau gwahanol oedd yn dod i Bodfal House bob dydd. Deuai un hen wreigan i'r siop yn aml ond methai â chael ei geiriau allan yn iawn; roedd hi'n anodd ar diân ei dallt hi'n siarad. Mi ddeudai bethau fel Mwscaits, Chwdbeins, Chorona ac ati. Un tro daeth i mewn a mynnu ei bod hi eisiau 'All Jesus'. Trodd Nhad ata i a deud, 'Dos i nôl dy fam i siarad efo hon, wnei di, neu mi fydda i wedi mynd yn wirion.' Wedi gweld *advert* am Maltesers ar y teledu oedd yr hen greadures.

Heblaw am Bodfal House a Siop Newydd, roedd fy mam a 'nhad, tan ro'n i'n rhyw ddeg oed, yn cadw siop tsips yn y pentref hefyd, ac mi roedd yna fynd mawr arni, yn enwedig ar nos Wener a nos Sadwrn. Fi oedd yn cael y job o blicio'r tatw mewn bath mawr oedd ganddon ni ar un adeg. Rhaid imi ddweud 'mod i'n falch iawn pan brynodd Nhad beiriant i'w plicio nhw. Mi arbedodd hwnnw lot o waith caled i mi.

Cash is King oedd hi efo'r tri busnas mewn difri, ac fe gadwai Mam ei holl bres mewn drôr fawr yn un o'r cypyrddau fyny grisiau. Doedd dim system *accounts* swyddogol ganddi, ond mi roedd hi'n gallu cadw cyfrif am bob dim yn ei phen, sy'n anhygoel wrth edrych yn ôl.

Pethau digon prin y pryd hwnnw oedd siecs, a fi oedd yn cael fy nanfon ar y bỳs i Langefni i'w talu nhw i mewn i'r banc pan fyddai'r rheiny yn cyrraedd acw. Ro'n i'n teimlo'n dipyn o foi yn cael fy nanfon ar neges mor bwysig.

Roedd busnas yn y gwaed go iawn yn ein teulu ni, gan fod Yncl Bob, brawd Mam, yn cadw Tafarn y Joinars reit wrth ymyl Bodfal House. Mi dreuliwn lot o amser yn fanno hefyd efo Yncl Bob ac Anti Nellie, a oedd yn ddi-blant. Efo'r holl sylw ro'n i'n gael ganddyn nhw hefyd wrth dyfu fyny, roedd hi fel 'mod i wedi cael fy magu gan ddau dad a dwy fam, a oedd yn brofiad braf eithriadol imi a deud y gwir.

Dreifio bysus efo Blue Star yn Nolgellau oedd Yncl Bob, ond mi gafodd o waith wedyn yn rhedeg gorsaf bysiau Caernarfon cyn symud draw i Malltraeth i redeg y Joinars efo Anti Nellie yn 1938. Gallech ddeud bod fy addysg wedi cychwyn yn Bodfal House a'i barhau yn y Joinars wrth imi ddod ar draws pobol wahanol eto yn y dafarn.

Yn y pnawniau yn aml, byddai hanner dwsin o bensioners yn cael hanner o *mild* neu *light ale* ac wedyn fydda ambell un yn cael wisgi bach. Deuai holl straeon y pentra allan, a finna'n gwrando ar y cwbwl. Doedd dim isio *News of the World* – yn do'n i'n cael yr hanes i gyd!

Ges i serfio tu ôl i'r bar yn y Joinars o pan o'n i tua phedair ar ddeg, ond doedd fiw imi yfed dim gan Yncl Bob. A hyd yn oed wedyn, pan ddois i'n hŷn, doeddwn i ddim yn cael yfed yn y dafarn ganddo, ro'n i'n gorfod mynd i'r Ffowndri neu i'r Market yn Llangefni i wneud hynny ar nos Sadwrn. Doedd Yncl Bob ei hun ddim yn yfed o gwbwl, ac roedd hynny'n help i gadw trefn ar bethau yn y Joinars, debyg.

Ro'n i'n cael cyfle hefyd i helpu Yncl Bob efo'r ychydig dir oedd ganddo ar y Morfa, darn o dir agored ym Malltraeth. Am ryw reswm, dim ond ar ddydd Sul y byddai Yncl Bob yn casglu gwair ac mi fyddai yna griw o'r pentref yn dod i'w helpu, a chrêt o seidar neu *light ale* yn dod allan i helpu efo'r gwaith. Un tro mi roddodd un o'r dynion botel o seidar imi a finna'n syrthio i gysgu yn yr haul wedyn. Mi roddodd Yncl Bob fi yng nghefn ei fan ac yna fy rhoi i orwedd ar y soffa yn y Joinars, a gneud yn siŵr nad oedd Mam yn ffeindio allan be oedd wedi digwydd imi. Rhaid i mi ddeud bod cael bod yng nghwmni Yncl Bob yn addysg ynddo'i hun.

Roedd yna fynd mawr ar y Joinars bryd hynny, ac roedd

hi'n arbennig o brysur ar nos Wener a nos Sadwrn gan fod
pobol yn dod yno o lefydd fel Dwyran a Llangaffo lle nad
oedd tafarn yn y pentref. Byddai aelodau Côr Niwbwrch
hefyd yn dod yno ar nos Sadwrn ac roedd y canu yn
arbennig.

I raddau, mi allech chi ddeud 'mod i wedi cael fy magu
yn y Joinars llawn cymaint â Bodfal House ac wedi cael
profiad o droi ymhlith pobol lot hŷn na fi a mwynhau bod
yn eu cwmni nhw. Yn aml iawn, mi fyddwn i yno ar nos
Sadwrn yn gwatsiad teledu yn y *lounge* efo Anti Nellie ond
yn cael clywed bob dim oedd yn digwydd yno yr un pryd.

Yr hyn dwi'n gofio fwya ydi bod yno bryfocio a thynnu
coes rownd y ril. Dyna chi'r stori am y cwpwl di-blant
o Langaffo fyddai'n dod i'r Joinars am beint bob nos
Sadwrn. Mi roedd gan y wraig *poodle* bach gwyn a oedd
yn mynd efo hi i bob man, hyd yn oed i'r dafarn. Un nos
Sadwrn, roedd hi'n ista wrth y bar efo'r *poodle* ar ei glin
fel arfer pan ddaeth Wil Glo i ista wrth ei ymyl hi. Roedd
pen-ôl y *poodle* yn ei wynebu ac mi fethodd Wil â maddau
– rhoddodd flaen ei sigarét, a oedd wedi ei goleuo, yn nhin
y *poodle*. Rhoddod y *poodle* druan andros o wich a chythru
o freichiau'r wraig. Ac meddai Wil Glo yn ddiniwed reit,
'Ewadd, be sy ar y *poodle* bach heno 'ma, tybed?' A phawb
yn gelain! Rhedodd y ddynes druan allan o'r dafarn yn ei
dagrau, a bu'n rhaid i'w gŵr fynd â hi adra a fynta heb gael
mwy na llymaid neu ddau o'i beint.

Mae'n rhaid imi ddeud, roedd tyfu fyny ym Malltraeth
yn y pumdegau a'r chwedegau yn brofiad braf iawn, os
nad perffaith, i hogyn ifanc. Roedd *rations* ar ôl y rhyfel
wedi dod i ben yn 1952 a bywyd yn dechrau gwella'n ara
bach i bawb. Roedd yna ryw deimlad saff a chynnes wrth
fod yng nghanol cymuned go iawn. Mae'n siŵr bod yna
ryw 200 o bobol yn byw ym Malltraeth, a finna'n nabod
pob un ohonyn nhw. Pob un wan jac, yn ifanc, yn ganol
oed ac yn hen. A phawb yno fel tasan ni'n rhyw un teulu
mawr. Mi roedd hi'n gymdogaeth dda a thipyn o fynd a

bwrlwm ar bob dim yno. Roedd hi'n help mawr fod gan bawb waith yn y cyfnod hwn. Canlyniad gosod y wlad yn ôl ar ei thraed ar ôl y rhyfel oedd hyn, wrth gwrs.

Roedd pobol y pentra yn gweithio ar y relwe, yng Nghoedwig Niwbwrch, camp Tŷ Croes, y ffermydd, a Hufenfa Llangefni. Roedd pum siop yn y pentra: Bodfal House, Siop Newydd, Post, Siop Pritchards, a Bwtsiars Ensor, ac ar wahân i rai teuluoedd Saesneg cefnog oedd yn byw ar Y Drive, neu Lôn Byngalos yn y pentref, roedd pawb yn Gymry.

Er mai Saeson oedd y bobol gefnog hyn ar Y Drive a bod gan sawl un ohonyn nhw fusnesau llewyrchus fel Duerr's Jam, roeddan nhw'n rhan o'r pentra ac yn bobol ddymunol iawn. Rhaid imi ddeud eu bod yn wahanol iawn i'r Saeson – a siarad yn gyffredinol – sydd wedi dod i fyw i'r ardal ac i Ynys Môn dros y blynyddoedd diwethaf.

Un o'r rhai oedd yn byw ar Y Drive oedd Mrs Dolby; roedd hi'n licio dod i'r pentref a mynd â rhai o'r merched yr un oed â hi am de pnawn ac felly'n cael hanes y pentref a chadw i fyny efo be oedd yn digwydd. Efallai fod Mrs Dolby wedi rhag-weld be oedd am ddigwydd yn y pentre hefyd. Dwi'n cofio Mam yn ei holi unwaith am deulu newydd oedd wedi dod i fyw ar Y Drive, a Mrs Dolby'n deud wrth Mam, 'Oh, the new rich have arrived in our midst.'

Loes calon imi erbyn hyn ydi gweld y sefyllfa ym Malltraeth, lle mae un ar hugain o'r hanner cant o dai ar y stryd fawr yn dai haf. A hyd yn oed hen gapel Sardis, un o adeiladau hyna'r pentra, wedi ei werthu'n ddiweddar – am £1.4 miliwn.

Finnau'n cofio'r tai yn y pentra yn llawn teuluoedd a phlant wrth imi dyfu fyny yno. Yn y cyfnod hwnnw roedd y lle yn llawn bwrlwm a gobaith am y dyfodol. Profiad braf iawn i mi ym Malltraeth bryd hynny oedd teimlo y gallwn alw mewn ac allan o dai pobol unrhyw bryd, a gwybod bod yna groeso i mi yn unrhyw le a deud y gwir.

Weithiau mi awn i watsio teledu gyda'r nos efo Jim Fidler a oedd yn byw dros y lôn inni. Ar gychwyn y pumdegau tri thŷ yn unig oedd â theledu yn y pentref: Yncl Bob, Jim Fidler ac Ensor y Bwtsiar. Mi roedd o'n dipyn o foeth – o *luxury* – mewn difri, a finna'n teimlo 'mod i'n cael andros o *treat* wrth fynd i wylio'r teledu newydd 'ma yn nhŷ Jim.

O Wrecsam y deuai Jim yn wreiddiol, ac roedd ganddo sigarét yn sownd yn ei geg rownd y ril. Yn nhŷ Jim y ces i un o 'mhrofiadau mwya fel plentyn, achos yn nhŷ Jim y gwelais i ddynes noethlymun am y tro cyntaf! Es i fewn i'w *lounge* un noson pan o'n i tua deg oed, a dyna lle roedd Mrs Fidler, am ryw reswm, yn noeth o 'mlaen i. Wna i fyth anghofio Jim yn gweiddi arni, 'For God's sake woman, put some clothes on!' a finna'n sefyll yno heb wybod ble i sbio.

Roedd taith o ryw filltir i fyny'r allt gen i i fynd i'r ysgol gynradd, Ysgol Bodorgan – neu'r Ysgol Newydd fel roedd hi'n cael ei galw. Codwyd hon ar ôl i sawl ysgol fach leol yn Bethel, Soar Bodorgan, Llangadwaladr a Hermon gau, ac Ysgol Newydd wedi ei gosod mewn lle canolog iawn yn yr ardal. Mr Griffith oedd y pennaeth yno, dyn o Gemlyn oedd o. Roedd o'n frwd iawn am gerddoriaeth a dwi'n cofio ein bod fel disgyblion yn canu'n aml. Yn wir, ces brofiad o ganu yng Nghôr Plant Môn yn 1957 pan ddaeth y Steddfod Genedlaethol i Langefni.

Roedd yn agos i gant o blant yn yr ysgol pan o'n i yno yn nechrau'r pumdegau a'r rheiny i gyd, ar wahân i un neu ddau, yn siarad Cymraeg. Dwi wedi bod yn lwcus iawn wrth fedru cadw cyswllt efo llawer iawn ohonyn nhw ar hyd y blynyddoedd. Aeth rhai ar hyd a lled y byd, ond mae'r rhan fwya wedi aros yn lleol.

Ar ôl Ysgol Bodorgan, es i ymlaen i Ysgol Gyfun Llangefni, un o'r *county schools* cyntaf i gael eu codi ym Mhrydain gyfan yn nechrau'r pumdegau. Awn yno ar y bỳs bob dydd efo criw o blant eraill o'r cylch.

Mr E. D. Davies oedd yr *head* yn Llangefni; sowthyn

oedd o, a hen lanc yn byw yn Rhosmeirch gyntaf ac yna yn Llangefni. A deud y lleiaf roedd o'n dipyn o *disciplinarian*, ac yn hoff iawn o roi'r *cane* ar waith os oedd rhywun yn cambihafio yn yr ysgol. Am ryw reswm ro'n i yn ei swyddfa unwaith ac yn ei wylio fo yn rhoi *cane* i Mambo o Rostrehwfa, a hwnnw'n gwrthod crio er yr holl waldio. Bu'n rhaid i'r ysgrifenyddes, Miss Edwards, ddeud wrtho fo, 'Rhowch gorau iddi rŵan, Mr Davies!'

Roedd Mr Davies wastad yn codi ofn arna i, efo'i 'Sefyll yn llonydd, fachgen!', ac mi ro'n i'n dal i grynu pan welwn i o wrth fynd â'r post o gwmpas yn Llangefni flynyddoedd lawer wedyn. Dyna ryfedd sut mae rhywbeth fel yna yn aros yn y cof.

Cymeriad arall oedd yn dysgu yn Ysgol Gyfun Llangefni oedd 'Jôs Wood', Edward Jones, a oedd yn fardd da hefyd. Roedd yr ystafelloedd *woodwork* a *metalwork* mewn cytiau pren tipyn i lawr o'r ysgol.

Dwi'n cofio Jôs Wood yn deud wrtha i un diwrnod, 'Dos i Siop Bach i nôl ffags imi, Noel, ac os wyt ti isio un, cymra un.' Finna'n deud wrtho, 'Ond dwi'm yn smocio, Mr Jôs,' ac yntau'n ateb, 'O, mae'n iawn felly, dydi.'

Enwau rhai o'r athrawon eraill dwi'n eu cofio yn Ysgol Gyfun Llangefni ydi Madoc Jones, Kitty Jones, Mr Ward, a Mr Young, a oedd yn gwisgo *cape* ddu trwy'r adeg am ryw reswm. Yn rhyfedd ddigon, *geography*, pwnc Mr Young, oedd fy hoff bwnc i yn yr ysgol, er mor strict oedd o efo ni fel plant.

Roedd Ysgol Gyfun Llangefni yn ysgol fawr iawn ar y pryd â thros fil o ddisgyblion ynddi. Deuai'r plant yno o bell: Gwalchmai a Bryngwran, Niwbwrch, Llangaffo ac yn y blaen. Doedd dim Ysgol Bodedern ar y pryd, wrth gwrs. Ond doedd fy addysg i ddim yn gorffen am 3.30 gan 'mod i wedyn yn troi fy sylw at yr addysg ro'n i'n ei chael yn y byd go iawn wrth weithio yn Siop Newydd a'r Joinars. Wrth wylio Mam a Nhad ac Yncl Bob ac Anti Nellie yn delio â phobol yn eu busnesau, roedd y cyw yn dysgu rhywbeth bob dydd. Mi ddaeth y *people-watching* oedd yn rhan mor naturiol o hynna i gyd yn handi iawn i mi yn y blynyddoedd oedd i ddod.

Fel ro'n i'n ei ddeud gynnau, roedd Nhad yn wahanol iawn i Mam o ran natur; roedd o'n fwy brathog a diamynedd lle roedd hi yn fwy rhadlon o lawer. Allai Nhad ddim gneud efo'i lystad o gwbwl. Roedd ei fam, ar ôl i'w gŵr, sef tad fy nhad, gael ei ladd yn y Rhyfel Byd Cyntaf, wedi ailbriodi â ffrind gorau ei gŵr. Newidiodd y berthynas rhwng Nhad a'i lystad ddim ryw lawer ar hyd y blynyddoedd chwaith. Efallai fod y profiad o golli ei dad yn wyth oed ac yna cael dyn diarth yn ei fywyd wedyn wedi gwneud fy nhad yn fwy diamynedd.

Dwi'n cofio fel y byddai Dic Williams, ei lystad, yn dod i Siop Newydd bob hyn a hyn a Mam yn gwneud panad iddo, ond tuchan yn uchel yn y cefn y byddai Nhad bob tro. Er hynny, roedd profiad Mam o drin cwsmeriaid wastad yn help iddo hefyd ar ryw ystyr. Dwi'n ei chofio hi'n deud un tro wrth Nhad ar ôl iddo gael diwrnod gwael yn y siop, 'Hugh, mae'n rhaid i chi ddysgu crafu tin heb gael eich dwylo yn fudr.'

Yn ei ffordd roedd o'n graff iawn hefyd ac mi ddysgodd lawer i mi. Meddai wrtha i unwaith, 'Dau beth ti isio osgoi mewn bywyd, Noel: priodas a chnebrwng!' Wel, mae'n anodd osgoi yr un o'r ddau, ond dwi'n dallt be oedd ganddo fo hefyd mewn ffordd; mae pres yn gallu difetha pethau i bobol, a difetha pethau i deuluoedd cyfan hefyd. Ac wrth gwrs, mi ges i brofiad chwerw o hynny fy hun flynyddoedd wedyn.

Dyn ymarferol iawn oedd Nhad. Codai'n fore a gwnâi lot o dasgau rownd y tŷ cyn i Mam agor y siop am wyth. Roedd o hefyd yn arddwr mawr ac yn mynd rownd i drin gerddi pobol, a chawsai bleser garw yn tyfu blodau a llysiau yn ei ardd ei hun yn Bodfal House a Siop Newydd lle symudson ni wedyn. Mi fyddai'n cystadlu mewn sioeau lleol rownd y bedlan a chael tipyn o hwyl arni hefyd. Ond weithiau byddai'r garddio a'r moch yn taro'n groes i'w gilydd, ac un tro mi arweiniodd un o'i benderfyniadau o yn y cefn i ddŵr poeth go iawn.

Un Dolig mi gymrodd Nhad i'w ben y byddai'n gwerthu'r deg mochyn oedd ganddon ni. Roedd o wedi dod ar draws Johnny Moch, cymeriad enwog yn Sir Fôn, yn stesion Bodorgan ychydig ddyddiau cyn y Dolig a hwnnw wedi gofyn iddo a oedd ganddo fo foch. 'Oes,' meddai Nhad.

'Ydyn nhw'n barod?' holodd Johnny Moch.

'Yndyn Tad,' atebodd fy nhad.

Yna, ryw fora Sul, mi drefnodd Nhad eu bod nhw'n mynd o'r ardd gefn i'r stesion. Yn anffodus iddo fo, roedd fy nain, Kate Jones, yn gorwedd yn ei gwely ac yn clywed hyn yn digwydd odani, ond mi gadwodd y cyfan o dan ei het am beth amser. Wna i fyth anghofio Kate Jones yn cyhoeddi ryw ddiwrnod bod arni isio siarad efo Nhad yn ei hystafell wely'n nes ymlaen. A dyna Nhad yn cael *lecture* iawn ganddi am werthu'r moch – a hynny ar y Sul hefyd! A'r pechod mawr arall oedd ei fod o wedi gorfod disgwyl cymaint am ei bres gan fod yna ryw *shenanigans* wedi digwydd efo Johnny Moch. Roedd Kate Jones ac Annie Mary ill dwy yn lloerig am y peth, a bu Nhad o dan y lach go iawn am gyfnod. Dwi'n cofio hyd heddiw clywed Nhad ar ôl y *lecture* gafodd o yn cerdded ar hyd y landing ac yn bytheirio dan ei wynt, 'Sut uffar mae honna wedi ffindio allan?'

O edrych yn ôl, rhaid ei bod yn reit anodd arno fyw o dan yr unto â dwy ddynes mor gryf a phenderfynol. Rhaid cyfadda 'mod innau'n teimlo felly fy hun yn aml, a finna'n byw efo Eira'r wraig a Sian y ferch yn y tŷ sy ganddon ni yn Gaerwen.

Wedi deud hynna i gyd, roeddan ni'n pedwar, fi a Mam a Nhad a Kate Jones yn tynnu 'mlaen yn dda iawn efo'n gilydd ac mi roedd hi'n aelwyd gynnes a chartrefol iawn bob adeg.

Roeddan ni hefyd yn cadw fusutors dros fisoedd yr haf yn Bodfal House a byddai'r un teuluoedd yn dod acw i aros efo ni dros yr haf am flynyddoedd. Dyna chi Mr Ellison a Mr Walters, a oedd yn cadw rhyw le *bathrooms* mawr yn Hale y tu allan i Manchester. Mi fydden nhw'n aros efo ni am ryw dri mis fel arfer. Mi gawn gyfle efo'r fusutors hyn i ymarfer fy Saesneg, achos do'n i ddim yn ei defnyddio yn y pentra fel arfer, ar wahân i Lôn Byngalos, wrth gwrs.

Pan oeddan nhw'n gneud gwaith ar y Cob ac yn newid cwrs yr afon mi ddaeth gweithwyr acw i aros. Dwi'n cofio cyfarfod mawr yn y Joinars i drafod y gwaith i gyd a Cledwyn Hughes yno yn llywyddu pethau. Jac Llanrug a Mr Moore oedd enwau'r ddau arhosodd acw fel dwi'n cofio, ac mi fuon nhw efo ni am ddwy flynedd, dwi'n meddwl.

Un tro, mi ddaeth yna ryw Mr Cunliffe i aros efo Yncl Bob ac Anti Nellie yn y Joinars, ond doedd neb yn siŵr iawn be oedd o'n ei wneud am ei bod hi'n amlwg ei fod o yma ar gyfer mwy na gwyliau. Erbyn deall dyn busnas oedd o, ac roedd o wedi dod i Fôn i drafod efo Cyngor Tref Llangefni y posibilrwydd o godi ffatri yno. Fel y gwyddon ni, mi roddodd ffatri Cunliffes gyflogaeth i lot fawr o bobol leol am flynyddoedd.

Roedd crefydd hefyd yn rhan bwysig o'r fagwraeth ges i, ac mae hwnnw wedi aros efo fi ar hyd y blynyddoedd. Hyd heddiw, dwi ddim yn teimlo'n iawn ar ddydd Sul rhywsut os nad ydw i wedi bod yn yr eglwys yn y bore. A deud y gwir, mae crefydd wedi bod yn help mawr iawn trwy holl dreialon y blynyddoedd diwethaf.

Fel teulu mi fydden ni bob dydd Sul yn mynd i'r Capel Wesla yn nhop y pentref, ac yn aml byddai'r gweinidog yn dod yma am ginio efo ni. Dyna pryd y byddai Mam, mewn ffordd, yn dangos ei sgiliau efo math gwahanol o gwsmer.

Fel yn y pentra ei hun mi roedd yna gymeriadau di-ri yn y capel; cymeriadau fatha Miss Thomas Pen Parc. Mi âi hi i Gapel Sardis yn selog efo'i llyfr emynau mawr ond roedd hi'n methu canu nodyn. Unwaith mewn cymanfa ganu ces ffrae ganddi gan 'mod i wedi ista yn ei sêt hi, a ches fy hel o 'na ganddi. Yn doedd hi wedi talu amdani!

Roedd hi'n reit *eccentric* a deud y gwir ac roedd ganddi fuwch a oedd yn fwy fel *pet* na dim arall. Byddai'r fuwch yn gwisgo rhyw gôt grand trwy'r adeg. Anghofia i fyth gymeriad o'r enw Rojar o Moelfre oedd yn fwtsiar lleol ac yn mynd rownd yn hel *fallen stock*. Landiodd hwnnw yn y Joinars un diwrnod a gofyn lle roedd Pen Parc.

'Duwcs, ydi Miss Thomas wedi marw?' holodd un o gymeriadau'r dafarn, ond wedi cael ordors i nôl y fuwch oedd Rojar. Am ryw reswm roedd rhaid i mi fynd fyny efo fo i Pen Parc. Dyna lle'r oedd y fuwch yn gorwedd ar ei hyd yn y beudy yn y gôt swanc. Roedd rhaid i mi afael yn ei chyrn hi wrth i Rogar roi'r siot iddi.

'Dos i ofyn iddi os ydi hi isio cadw'r gôt,' meddai Rojar. Es at y drws i ofyn iddi, a'r ateb siort ges i oedd 'Oes siŵr!'

Ar wahân i'r Capel Wesla ar y Sul roedd ganddon ni'r Band of Hope efo'r Parchedig F. M. Jones o Langaffo ar nos Fawrth.

Un arall o'r *highlights* i mi wrth dyfu fyny oedd cael mynd ar drip ysgol Sul. Capel Sardis oedd yn trefnu hwn – capel yr Hen Gorff, ddim yn bell o Bodfal House – ond mi roeddwn i'n cael sleifio arno fo hefyd oherwydd dylanwad Mam fwy na thebyg, achos roedd hi'n rhoi lot o bethau i Gapel Sardis ar hyd y flwyddyn at eu gwahanol ddigwyddiadau.

Roedd mynd ar fỳs Pritchards, Niwbwrch yr holl ffordd i Marine Lake yn Rhyl yn andros o brofiad inni fel plant o Malltraeth, ond roedd pawb o'u coeau ein bod ni'n gorfod mynd i Betws-y-coed gyntaf am ryw reswm, cyn mynd 'mlaen i Rhyl dros y Denbigh Moors. Roedd hynny'n golygu nad oeddan ni'n cyrraedd bali Rhyl tan tua dau y pnawn a'n bod ni wedyn yn gorfod cychwyn yn ôl tua phump. Ond roedd o'n lot fawr o hwyl 'run fath.

Fel y soniais i gynnau, un o'r petha amlwg ym Malltraeth wrth imi dyfu fyny oedd cymaint o dynnu coes a phryfocio oedd yn digwydd rhwng pobol, a phawb i'w weld yn hollol gyfforddus efo hynny. Doedd dim o'r pechu 'ma am be sy'n cael ei ddweud gan bobol wrth ei gilydd sydd i'w weld mor gyffredin rŵan. Roedd pawb jest fel taen nhw'n fwy *tolerant* o'i gilydd rhywsut ac yn dioddef ei gilydd yn well hefyd. Wedi'r cwbwl, yn doeddan ni i gyd yn rhan o'r un gymuned?

Peth arall dwi'n ei gofio'n annwyl iawn am fy magwraeth oedd y gallu i grwydro'r fro mor hawdd pan o'n i'n blentyn. Ro'n i'n medru bod allan am oriau ac oriau ac oriau yn yr haf a neb yn poeni dim am hynny. Roedd y crwydro yma fel plant yn hollol naturiol ar y pryd, ninnau'n teimlo'n saff yn ei wneud o, a'n rhieni'n teimlo'r un mor saff hefyd.

Ro'n i'n arfer mynd efo potel o Corona a phacad o grisps a cherdded draw efo ffrindiau am Ynys Llanddwyn. Byddai hynny'n ddigon inni am oriau lawer. A dim hyrdigyrdi – fel dwi'n galw'r *mobiles* hyn – yn mynd â'n sylw ni o gwbwl. Jest cwmni'n gilydd a sgwrsio braf a thynnu coes am oriau wrth inni grwydro'r ardal. A hel poteli Corona gwag er mwyn i Mam roid pres inni amdanyn nhw 'rôl mynd adra.

Dwi'n cofio ar un o'r tripiau hyn imi drio Woodbine neu ddau mewn rhyw hen gwt ar lan môr Malltraeth, a jest â thagu wrth imi drio ei smocio fo. Ro'n i'n meddwl 'mod i'n mynd i farw! Byth wedyn reit saff.

Wrth grwydro, dwi'n cofio dod i sylwi ar yr holl enwau anhygoel oedd o 'nghwmpas i: Rhyd y Maen Du (yr enw gwreiddiol am Malltraeth, mae'n debyg), Cae Caled, Bont, Tŷ Cae Canol, Bodragolwyn, Dryll, Bryn Tirion, Balaclafa, Cae Wŷdd, Tŷ Moel, Tyddyn Botwm, Tŷ Pigyn – a'r hoffter at yr enwau yma yn tyfu ynddo i. Rhyfedd meddwl sut y byddai'r enwau yma yn dod yn fwy cyfarwydd imi eto wrth imi gychwyn fel postmon rownd Paradwys yn nes ymlaen. Honno oedd fy rownd gyntaf i.

'Rôl gadael y *county school* a deud ffarwél wrth E. D.
Davies yr *head*, es i weithio fel *apprentice fitter* yng Nghaer-
gybi am ddwy flynedd. Roedd hynny'n handi iawn gan
'mod i'n gallu aros efo fy modryb yn Newry Street – aros
yno efo hi a dod adra ar *weekends*. Weithiau baswn i'n aros
yno am y *weekend* cyfan, a chael tafod am hynny wedyn
wrth gwrs.

Yng Nghaergybi hefyd y pasiais i fy nhest dreifio
rhywsut neu'i gilydd. Dwi'n dal i feddwl 'mod i wedi
pasio gan mai Cymro Cymraeg oedd y *driving examiner*,
ac yntau'n nabod y teulu ym Malltraeth. Ond doedd yna
fawr o hwyl yn y gwaith yng Nghaergybi a deud y gwir,
ac ar ôl rhyw ddwy flynedd mi ddois adra i fyw a helpu yn
y siop.

Ymhen dipyn mi ffeindiodd Nhad bod yna swydd
postmon yn mynd yn ardal Paradwys, ac mi fues i'n
ddigon lwcus i'w chael hi. Yn 1965 ddigwyddodd hyn. Ro'n
i'n teimlo ei bod hi'n baradwys arna i mewn sawl ffordd ar
yr adeg hon. Ro'n i'n cael cyflog o dair punt a saith swllt a
chwech: punt i Mam, punt am betrol i'r Morris Thousand
bach yr oeddwn i wedi ei brynu 'rôl pasio'r test, a'r gweddill
i mi.

Roedd hi'n baradwys arna i mewn ffordd arall hefyd yn
y cyfnod hwn, oherwydd ro'n i wedi bod yn ddigon lwcus
i gyfarfod Eira o Landegfan. Mi gwelais i hi trwy'r ffenast
yn John Edwards, Porthaethwy lle roedd hi'n gweithio.
Window shopping go iawn! Y nos Sadwrn wedyn, mi weles
i hi allan ym Mangor, a dyna oedd ei chychwyn hi. Erbyn
hyn rydan ni wedi bod yn briod am 54 o flynyddoedd ac
wedi cael tri o blant. Mae'r ddau ohonom wedi bod yn
hapus iawn ac yn gefn i'n gilydd ar hyd y blynyddoedd. Mi
briodson ni yn 1969, ac ar ôl hynny cafodd Eira a fi y cyfle
i redeg y Swyddfa Bost ym Malltraeth wedi i Mr Morris
ymddeol yn 1972. Rhoddodd hynny ryw flas o'r hyn oedd
i ddod inni lawr y lein pan symudon ni i Gaerwen i redeg
y Post yn fanno yn nechrau'r wythdegau. Er bod Eira a fi'n

gweithio efo'n gilydd bob dydd yn y siop, ac wedyn yn y Post, doedd hynny fyth yn broblem inni'n dau.

Roedd busnas Mam a Nhad wedi para'n dda am flynyddoedd, a chwsmeriaid ffyddlon iawn ganddyn nhw am yr holl gyfnod hwnnw – tan 1974 pan ddaeth y *supermarket* gyntaf i'r ynys, sef Kwik Save yn Llanfair. Unwaith y daeth rheiny, roedd hi'n amen ar siopau bach y wlad mewn difri gan nad oeddan nhw'n medru cystadlu o ran y dewis oedd gan y siopau newydd.

Ergyd fawr i Mam oedd gweld colli ei chwsmeriaid fel hyn, ond dyna ni, doedd dim troi 'nôl ar y llanw newydd, ac mi roedd rhaid iddi dderbyn hynny. Wrth gwrs, roedd dyfodiad Kwiks yn newid cyfnod go iawn i bawb, nid dim ond i'n teulu ni. Er, wedi dweud hynny, ella bod Mam wedi gweld y sgwennu ar y mur ddwy flynedd ynghynt pan ddaeth *decimalisation* – y pres gwirion hynny, fel roedd hi yn ei ddisgrifio. Erbyn i hwnnw ddod mewn yn 1972, roedd hi wedi penderfynu pasio'r busnas ymlaen i fi ac Eira.

Roedd o'n ddechrau ar newid mawr i Malltraeth fel pentra wrth gwrs, ac mae'n drist imi weld cyn lleied o siopau sydd yno rŵan o gofio'r bwrlwm a'r llewyrch oedd yna pan o'n i'n tyfu fyny. Wedi dweud hynny, dwi'n hapus iawn i weld bod y Joinars wedi ailagor yn ddiweddar ar ôl bod ar gau am gyfnod. Braf iawn hefyd gweld teulu adnabyddus lleol wrth y llyw, sef teulu Iolo Trefri, un o gymeriadau mawr Ynys Môn, a thad y cyflwynydd a'r comedïwr Tudur Owen, wrth gwrs. Dwi'n dal i licio mynd am beint i'r Joinars ar nos Wener weithiau a chael dal i fyny efo hwn a'r llall a rhoi'r byd yn ei le.

Mae Malltraeth yn dal yn lle agos iawn at 'y nghalon i. Yn bersonol, mi faswn i wrth fy modd yn mynd yn ôl yno i fyw eto er cymaint y mae Eira a finnau wedi mwynhau byw yn y Gaerwen ar hyd y blynyddoedd. Be maen nhw'n ei ddeud? Cyw a fegir yn uffern, yn uffern y myn fod.

Wrth edrych yn ôl, dwi'n reit saff bod y profiad ges i yn y tri busnas wrth dyfu fyny, Bodfal House, Siop Newydd a'r Joinars, wedi bod yn help anferthol imi yn fy mywyd fel postmon, fel postfeistr ac fel cynghorydd hefyd. Magwraeth berffaith o ran dysgu siarad, deall a delio â phobol. Ar hyd y blynyddoedd dwi wastad wedi licio pobol a licio bod yng nghwmni pobol a siarad efo pobol. A dwi dal felly o hyd, diolch byth.

Sgìl bwysig sydd wedi aros efo fi ar hyd y blynyddoedd hefyd ydi gwybod pryd i ddeud rhywbeth a phryd i ddal yn ôl – ac i Mam a Nhad, ac i Yncl Bob ac Anti Nellie a phawb arall oedd mor gymdeithasol ym Malltraeth yn ystod fy mhlentyndod, y mae'r diolch am hynny.

3

Cychwyn arni fel Postmon

Fel ro'n i'n sôn gynnau, mi glywodd Nhad bod yna joban fel postmon yn mynd yn ardal Paradwys, ac mi ro'n i'n ddigon lwcus i'w chael hi.

Roedd hi'n dipyn o newid byd arna i yn saff. Ro'n i'n gorfod codi am hanner awr wedi pedwar a beicio tua thair milltir draw i'r stesion yn Bodorgan erbyn pump y bore i gyfarfod y post oddi ar y trên. 'Rôl cyrraedd Bodorgan, ro'n i'n cario'r post ryw ganllath i lawr y lôn at y *sorting office* a helpu Mr Huw Hughes y Postfeistr i'w sortio nhw yn fanno. A wedyn mi faswn i'n cychwyn allan ar fy meic tua'r chwech 'ma efo post y bora ar rownd a oedd yn 17 milltir i gyd. Ro'n i'n cychwyn trwy Bethel a wedyn mynd draw at Capel Mawr a thrwy waelodion Llangristiolus, cyn gwneud y rhan ola wrth feicio i lawr at y gors. Roedd rhywbeth braf iawn am fynd ffwl-pelt ar y beic, a'r gwynt yn 'y ngwallt i, yn enwedig pan oedd rhywun yn mynd lawr ar ddiwedd y rownd.

Dwi'n sbio 'nôl rŵan a meddwl bod 17 milltir yn uffar o lot i'w wneud mewn difri, a hynny bob dydd ac ym mhob tywydd hefyd! Ond dyna ni, ro'n i'n ifanc, yn denau ac yn ffit, felly doedd o ddim yn broblem o fath yn y byd imi.

Mi ddois i nabod pobol yr ardal yn dda wrth fynd o'i chwmpas hi bob dydd a Chymry oedd y mwyafrif llethol o'r cwsmeriaid ar y pryd, wrth gwrs. Mae'n drist iawn imi feddwl bod hyn wedi newid yn llwyr yn fwy diweddar, a llawer iawn o bobol ddŵad yna erbyn hyn yn ôl be dwi'n ddallt. Yn ystod fy nghyfnod i yn gwneud y rownd hon, roedd yna un Eidalwr yn byw yn y cylch, sef Benevito. Roedd ei deulu wedi dod i'r ardal yn ystod y rhyfel, dwi'n meddwl. Ar un adeg roedd Iolo Owen, y tirfeddiannwr enwog lleol, yn trio prynu tipyn o dir ganddo, a dwi'n dal i glywed Benevito hyd heddiw yn sôn amdano wrtha i, ac yn fy holi amdano a'i alw yn 'Yo-Ho' trwy'r adeg.

Roedd y Dolig cyntaf yna ar y rownd yn sbesial iawn i mi gan imi dderbyn *Christmas box* arbennig gan bobol yr ardal. Mi ges swm o 1/6 – sydd tua £14 ym mhres heddiw – a finna'n teimlo 'mod i wedi landio ar fy nhraed go iawn. Brenin Malltraeth! Mi gedwais i gofnod o'r holl dai a'r holl arian ges i'r Dolig hwnnw, ac mae o gen i hyd heddiw. Mae o'n gof da iawn o ba mor ffeind oedd pobol yr ardal efo fi yn fy swydd newydd.

Fel soniais i ynghynt, ro'n i'n gorffen y rownd tua diwedd y bora ac wedyn yn helpu yn y siop 'nôl ym Malltraeth yn y pnawn. Ar ôl dwy flynedd yn ardal Paradwys, mi ges i fy symud i Fangor a'r swyddfa yn Deiniol Road. Mi roedd y post a'r papurau newydd yn cyrraedd y stesion ar yr un adeg y pryd hynny, a ninnau fel postmyn yn mynd i'w cyfarfod nhw. Roedd rhaid codi'n gynt eto efo'r joban hon. Codi am dri er mwyn bod ym Mangor erbyn pedwar. Cofiwch, mi roedd gen i *incentive* arall ar gyfer symud i Fangor hefyd; roedd o'n gyfle i gael gweld mwy ar Eira gan ei bod hithau'n gweithio yn y ddinas bryd hynny.

Mae'n rhyfedd fel mae'r codi cynnar hyn ar hyd y blynyddoedd wedi aros yn fy system, gan 'mod i'n foregodwr hyd heddiw a wastad yn brysur yn gneud pethau cyn i bawb arall godi. Dydw i ddim yn un i fod yn lolian yn fy ngwely yn y bora, mae hynny'n reit saff.

Rownd canol dinas oedd y rownd hon gen i: *clock up – clock down* oedd yr enw arni. Ro'n i'n cychwyn yn Woolworths ac yn mynd lawr wedyn at lan y môr yn Hirael. Roedd Borth hefyd yn rhan o'r rownd fwy, a finna wedyn yn gorfod cerdded dros y Bont i gyrraedd fanno. Yma, ro'n i'n cychwyn yn yr Anglesey Arms a cherdded lawr y stryd fawr at Tegfryn Gallery a gweithio'n ffordd yn ôl a gwneud stad fawr Tyddyn To ac ati. Un peth oedd yn handi yn Borth oedd bod modd gadael bagiau yma ac acw yn nrysau busnesau ac ati.

Roedd y Morris Minor gen i erbyn hyn wrth gwrs, ac felly roedd yr un *routine* yn para mewn ffordd: gwaith fel postmon yn y bora ac wedyn adra yn y Morris Minor i helpu Eira a Gwen yn y siop yn y pnawn.

Roedd hi'n dechrau prysuro arna i yn y cyfnod hwn gan fod Mam, tua 1972, wedi penderfynu rhoi'r gorau iddi yn Siop Newydd. Fel y deudais i, doedd hi ddim yn hapus ers i'r *decimalisation* neu'r 'pres gwirion', fel yr oedd hi'n ei alw fo, ddod i mewn. Bechod.

Dwi'n cofio fi ac Eira'n cael gwahoddiad i swper efo Mam a Nhad un noson. 'Mae yna rywbeth ar y go,' meddwn i wrth Eira. Ac wrth inni gael ein swper, dyma Mam yn troi at Nhad a deud, 'Ylwch, Hugh, mae'r ddau yma am ddod i redag y busnas rŵan.' Yn ôl ei harfer, roedd Mam wedi gwneud y penderfyniad a Nhad yn cael gwybod amdano wedyn.

Yna, yn 1974, cafodd Eira a fi y cyfle i redeg y Post ym Malltraeth, pan benderfynodd Mr Morris roi'r gorau iddi, gan ofyn tybed oedd gen i ddiddordeb mewn cymryd drosodd. Roedd y ddau ohonom wedi cael profiad o redeg busnas Siop Newydd ers rhyw ddwy flynedd erbyn hyn, a hynny wedi rhoi ychydig o hyder i'r ddau ohonom mewn busnas. Felly, roeddan ni'n barod am y *challenge*, ond roedd rhaid imi ofyn i Mr Williams, y Postfeistr yn Llangefni, gyntaf oedd hi'n iawn imi wneud y ddwy joban. Chwarae teg iddo, mi ddeudodd bod hynny'n iawn am fod y ddwy swydd yn mynd gyda'i gilydd mewn ffordd.

A dyna gytunwyd: gwneud shifft fel postmon yn y bora a wedyn dod adra i helpu Eira yn y Post yn y pnawn efo cyfnither Nhad, Gwen, yn ein helpu ni yno. Doedd rhywun ddim yn gweld hyn yn ormod o gwbwl, ond ella 'mod i'n lwcus nad ydi gweithio'n galed erioed wedi bod yn broblem imi. Yn do'n i wedi cychwyn arni yn chwech oed yn Bodfal House?

Wrth werthu pob peth o stampiau i drwydded teledu, o drwydded bysgota i drwydded car, mi ddaethon ni i ddeall pa mor bwysig i bobol oedd post lleol yr adeg hon. Roedd o'n gyfnod difyr iawn. Bryd hynny hefyd roedd mynd mawr ar bapurau newydd – y *Mirror, The Sun* a'r *Daily Post* oedd yn mynd orau acw o ddigon. Er mai pentra bach o ryw 200 oedd Malltraeth ar y pryd, roedd hi'n ysgol brofiad dda iawn ar gyfer y gwaith o redeg post mwy oedd i ddod imi ac Eira ymhen rhai blynyddoedd.

Erbyn hyn hefyd, ro'n i wedi symud ymlaen efo fy joban fel postmon a chyfle wedi codi i fynd i weithio yn y Swyddfa Bost yn Llangefni. Ac yno y treuliais i'r 26 mlynedd nesaf; blynyddoedd a aeth fel y gwynt bron. Yn ystod y cyfnod hwn, mi welais i'r Post yn Llangefni'n tyfu'n lle pwysicach a mwy a mwy o ganoli yn digwydd yno. Pan gychwynnais efo'r Post roedd yna 72 o swyddfeydd post bach ar draws yr ynys ond erbyn y saithdegau, bu'n rhaid i lawer o'r rhai bach yma gau. Wrth i deuluoedd fynd yn llai a lot o bobol ifanc yn gorfod symud i ffrwdd i gael gwaith, roedd y swyddfeydd post bach hyn yn diodda a doedd dim dewis yn aml gan y Post ond eu cau nhw.

Erbyn heddiw dwi'n meddwl mai tua ugain o'r swydd-feydd bach yma sydd ar ôl ar yr ynys gyfan. Trist meddwl bod y llefydd yma wedi mynd, a'r rheiny wedi bod mor bwysig fel llefydd cyfarfod a chymdeithasu yn eu cymunedau ers cymaint o flynyddoedd.

Fy rownd gyntaf yn Llangefni oedd mynd i fyny o Benrallt yn nhop y dref reit i fyny at Cae Garw a Rhostrehwfa – a finna ar fy meic eto. 'Rôl hynny, mi ddaeth Rhosmeirch a Chapel Coch yn rhan o'r rownd am beth amser, a dois i nabod y pentrefi bach ar gyrion Llangefni. Ymhen tipyn mi ddaeth rowndiau i mi mewn llefydd pellach fatha Pentraeth, Benllech a Rhosneigr. Dyna gyfle i ddod i nabod ardaloedd eraill a phobol wahanol Sir Fôn. Dwi'n teimlo 'mod i wedi bod yn lwcus iawn i gael y cyfle hwn i ddod i nabod yr hen ynys mewn ffordd mor dda, a hynny trwy fy ngwaith. Yn fy meddwl i does 'na'm lle tebyg iddi yn y byd o ran y tirlun anhygoel – a'r bobol hefyd, wrth gwrs.

Mae yna rywbeth sbesial iawn am bobol Sir Fôn: ynyswyr ydan ni ac mae'r cysylltiad sy gan ynyswyr â'i gilydd yn un cryf eithriadol. Ac mae'r synnwyr hwn o berthyn yn para'n fyw hyd heddiw, er yr holl newid sydd wedi bod ar hyd y blynyddoedd.

Mi ges amser da iawn yn y Post yn Llangefni. Ro'n i'n gweld y gwaith yn ddifyr a gwnes lawer o ffrindiau da yno sydd wedi aros efo mi. Yn y swyddfa yn Llangefni, ro'n i'n cydweithio â chriw mawr, rhai fel Mônydd Jones, Wil Rich, Danny Roberts, Bob Thomas, Morris Roberts, Huw Thomas, Eifion o Llynfaes, Gwynfor Hughes Buses, ac Alf fel glanhäwr. Roedd lot fawr o hwyl yno a thynnu coes trwy'r adeg, a rhoi llysenwau ar y naill a'r llall, fatha John Bara Calad, a hynny am ei fod o'n cymryd cymaint o amser i ddelifro'r bara am ryw reswm.

Mr Williams oedd y postfeistr bryd hynny. Dyn o Ben-y-groes oedd Mr Williams a fyntau'n siarad yn ara deg, efo rhyw lais uchel, cwynfannus. Roedd ganddo duedd i nadu'n uchel yn aml: 'Môn – ydd?' Sef Mônydd Jones oedd yn gweithio yno fel *higher grade* ar y pryd. A hwnnw'n deud yn aml, 'Be ddiawl mae hwn isio eto?'

Cymeriad a hanner arall yn y Post yn Llangefni bryd hynny oedd John arall, John Bronfelan y tro hwn – y 'Three Ps' fel roeddan nhw'n ei alw fo: 'Postman, Poacher and Preacher', gan ei fod o'n cyfuno bod yn bostmon efo bod yn botsiar ac yn mynd rownd i bregethu hefyd. Dyn prysur iawn rhwng pob dim. Roedd John yn gallu bod allan yn ei fan o hanner awr wedi saith y bore hyd chwech min nos yn gwneud gwahanol bethau. A'r rheiny ddim byd i'w wneud efo'r Post yn aml!

Anghofia i byth mo Mr Williams y Postfeistr yn mynd i sbio ar fan John ryw noson 'rôl iddo gyrraedd yn ôl yn yr offis yn Llangefni er mwyn cael y meilej am y diwrnod. Mi driodd John Bronfelan ei orau i dynnu ei sylw fo rhag gwneud hynny, ond roedd Mr Williams yn mynnu mynd i sbio a sgwennu'r meilej ar ei restr am y diwrnod.

'Môn – ydd!' medda fo'n uchel yn ôl ei arfer. 'Ers pryd 'dan ni'n cario gwellt yn y faniau yma?' Roedd John wedi bod yn cario gwellt rhwng ei rownd bost. Does dim ffiars o berig y basa fo'n cael getawê efo hynny heddiw, gan fod postmyn erbyn hyn yn cael eu tracio ac yn gorfod gwisgo tracar hefyd wrth iddyn nhw fynd o gwmpas.

Rhad arnyn nhw o gofio'r rhyddid oedd ganddon ni fel postmyn yn ein cyfnod ni. Neb yn tracio na chadw golwg ar bob dim ond câi'r job ei gwneud yn *champion* jest 'run fath – er y banad a thamaid i fyta mewn amryw lefydd, a'r ista lawr mewn tai gwahanol bobol a chael eu hanesion nhw a hwyl wrth wneud hynny. Fel y gwyddoch chi erbyn hyn, roedd y cymdeithasu hwn wrth weithio yn dod yn hollol hawdd imi o ganlyniad i'r holl brofiad ro'n i wedi ei gael yn Bodfal House a Siop Newydd.

Un arall o gymeriadau mawr y Post yn Llangefni oedd Bob Thomas, oedd wastad yn tynnu ar bobol. Un tro mi ddaru fo 'mherswadio fi i'w helpu i chwarae tric ar Mônydd Jones. Roedd Mônydd isio mynd fyny i'r *rectory* efo rhyw lythyr neu'i gilydd. Roedd y *rectory* mewn lle go dywyll wrth ymyl yr eglwys a dreif hir yn arwain i fyny at y tŷ ei hun, a ninnau'n gwybod nad oedd yr hen greadur yn hoff iawn o'r tywyllwch. Felly, dyna'r ddau ohonon ni'n mynd yno o'i flaen a disgwyl amdano yn y cloddiau wrth ochr y dreif. Roedd gan Bob flancad wen ac roedd gen inna ddau gaead bin. Pan ddaeth Mônydd gyferbyn â ni mi neidion ni allan o'i flaen a chodi andros o fraw arno! Mônydd druan; mi redodd am ei fywyd ac aeth o fyth i'r *rectory* wedyn. Soniodd o ddim byd wrth neb yn yr offis am ei brofiad, ond mi gafodd y lleill i gyd wybod am yr hyn ddigwyddodd reit siŵr.

Mi ddois ar draws llawer o gymeriadau eraill yn Llan-
gefni hefyd, gan gynnwys y *legendary* Dr Hughes a oedd mor
amlwg ym mywyd y dref a'r ardal yn gyffredinol. Roedd gan
Dr Hughes sens o hiwmor anhygoel, ac roedd o'n defnyddio'r
hiwmor hwnnw efo'i gleifion trwy'r adeg. Bron nad oedd ei
hiwmor fel ffisig ynddo'i hun ac yn cael y cleifion i relacsio.
Dwi'n cofio bod ar fy rownd unwaith fel postmon yn ardal
Llanbedrgoch ac yn galw heibio rhyw hen wreigan – Miss
Williams oedd ei henw hi. Gofynnodd imi aros efo hi i
ddisgwyl i Dr Hughes alw er mwyn tsiecio'i brest.

'Be ti'n dda yn fama?' holodd Dr Hughes yn y llais
gwichlyd yna oedd ganddo.

'Postmon 'de,' atebais i.

'Dydach chi 'mhob man,' atebodd o efo'r hiwmor sych
'na oedd ganddo.

Yn ei gwely oedd Miss Williams, â siôl fawr o'i chwmpas
hi, a finna'n ista yn y gegin, a drws y bedrwm ar agor
ganddi. 'Nefoedd fawr,' meddai Dr Hughes wrth ei gweld
hi. 'Salome and the Seven Veils!'

Dro arall roedd Gwilym Cefniwrch, a oedd yn gweithio
efo ni ac yn dipyn o gymeriad, wedi cael slap gan gar wrth
gamu oddi ar y palmant yn stryd Llangefni, ac wedi brifo'i
goes yn o ddrwg. Ro'n i'n digwydd pasio yn y fan ac mi
welais beth oedd wedi digwydd. Stopiais a rhoi pàs i Gwil
i fyny i'r Fron, cartref Dr Hughes a Dr Mair, lle roedd
ganddo stafell yn y ffrynt ar gyfer cleifion.

Roedd Gwilym yn enwog am beidio molchi'n iawn; jest
ei wyneb a'i ddwylo a welai ddŵr fel arfer. Yn y Fron dyma
Gwilym yn trio codi coes trowsus go dynn oedd ganddo i
ddangos y goes gafodd ei tharo i Dr Hughes. 'Mae'n anodd
y diawl i weld lle mae unrhyw glais fan hyn,' meddai Dr
Hughes yn uchel.

Arferai Dr Hughes hefyd ddod i mewn i'r Post yn fuan
yn y bora i chwilio am lythyr roedd o'n ei ddisgwyl gan alw
ar Mônydd Jones, oedd yn un o'r bobol *higher grade*, i ddod
yno i helpu. Roedd y ddau yn nabod ei gilydd yn iawn gan

eu bod nhw'n aelodau yng Nghapel Moreia yn y dref.

'Mônydd,' meddai Dr Hughes yn ei lais gwichlyd, 'lle mae'r llythyr yma dwi'n 'i ddisgwyl?'

'Ddrwg gen i, Dr Hughes, 'di o ddim wedi cyrraedd eto,' atebodd Mônydd.

'Diawl, Mônydd, be ti wedi'i wneud efo fo? Lle ti 'di guddiad o?' meddai Dr Hughes cyn mynd o 'na'n flin.

Wrth imi gael rownds pellach y tu hwnt i Langefni ac allan yn y wlad, roedd hi'n agoriad llygad imi'n aml i weld sut oedd pobol yn byw. Roedd hi'n amlwg fod yr hen ffordd o fyw yn para o hyd mewn lot o lefydd, a llawer o'r hen dyddynnod hyn heb ddŵr yn y tŷ. Ond roedd pobol yn dal i fedru gneud rhywsut.

Wna i byth anghofio mynd i dyddyn bychan yn Soar lle roedd yna hen gwpwl yn byw. Roedd hanner y to wedi dod i lawr a'r grisiau wedi colapsio yn ei ganol. Yn y rhan honno o'r tŷ lle roedd y to'n dal i sefyll yr oeddan nhw'n byw, ac yn cysgu ar ryw soffa fawr, gyda'r ddau ar y naill ben i'r soffa a'u traed yn cyffwrdd ei gilydd. Ces baned yno unwaith a dyma bry copyn mawr yn disgyn o'r to a landio reit yn 'y nghwpan i. Chynhyrfodd hynny ddim ar yr un o'r ddau – roedd hynny fel tasa fo'n digwydd bob dydd yno.

Un o'r storis mawr yn yr ardal pan o'n i'n bostmon yn Llangefni oedd stori'r holl gyffuriau gafodd eu shipio mewn i Ynys Llanddwyn o rywle neu'i gilydd. Roedd y *cache* – a oedd yn swm anferth – wedi ei guddio mewn tomen o fêls ar fferm leol, Ty'n Llwyn, Paradwys. Bu achos llys mawr a chafwyd tri dyn yn euog o drefnu'r holl beth. Yn rhyfedd iawn, mi ges fwy o'r hanes go iawn am yr hyn ddigwyddodd ryw dair blynedd wedyn pan es lawr i Ynys-hir yn y Cymoedd i weld 'y nghefnder oedd yn byw yn yr ardal honno.

Pan aethon ni allan am beint un noson mi welais wyneb cyfarwydd rhywsut yn sefyll wrth y bar. Dyma fi'n gofyn i fi fy hun – lle ddiawl dwi 'di gweld hwn o'r blaen? Beth bynnag, es i fyny ato fo ar ôl cael rhyw lymaid neu ddau.

'Don't I know you from somewhere?' holais.

'You should,' atebodd o, 'we used to play darts together in that pub in Malltraeth.'

Undercover agent oedd o, wedi bod yn gweithio ar yr achos cyffuriau am ryw dri mis. Pan o'n i'n ei weld o yn y Joinars ac yn chwarae darts efo fo, ei stori bryd hynny oedd ei fod yn gweithio ar ryw gontract dros dro yn Rio Tinto, ond y gwir oedd mai stelcian yn y goedwig yn Niwbwrch oedd o yn oriau mân y bora yn ceisio dal y bobol hyn oedd yn delio cyffuriau. Mi ges i dipyn mwy o'r hanes ganddo fo dros ambell i beint y noson honno yn Ynys-hir.

Pan ges i *posting* i Rosneigr yn 1969, roedd o'n dipyn o newid byd eto gan ei bod hi'n ardal fwy Saesneg ei hiaith a finna'n gorfod 'marfer mwy ar fy Saesneg yno. Wedi deud hynny roedd Aberffraw a Thŷ Croes yn rhan o'r rownd hefyd – rhag imi fynd yn rhy gyffyrddus yn fy Saesneg, ynde. Roedd yna lawer mwy o gyfoeth yn ardal Rhosneigr nag yn f'ardal enedigol i ym Malltraeth, er mor agos oedd y ddwy ardal mewn ffordd.

Câi'r rownd ei rhannu'n ddwy rhyngof fi a Bryn Jones, ac roedd yno bostfeistr clên iawn hefyd o'r enw Clifford Owen. Roedd y Saeson y dois i i'w nabod yno yn bobol arbennig a pharchus, chwarae teg. Ro'n i'n edrych ar eu holau nhw a nhwythau'n edrych ar f'ôl i wedyn. Anghofia i byth Bryn Jones, Helga a finna yn cael *Christmas box* gan Jones Nenne yn Rhosneigr: £50 rhyngddon ni!

Roedd un arall o'n cwsmeriaid yn Rhosneigr, y Brigadier, yn byw mewn tŷ mawr o'r enw St. David's. Bob bora, roedd George Williams y *chauffeur* yn landio yno mewn Bentley gwyrdd, â dwy fflag y frenhines ar y ffrynt, am wyth ar y dot i'w nôl o. Deuai'r Brigadier allan, â ffon fach wen o dan ei fraich. 'Noel, what have you got today?' oedd ei gwestiwn i mi. 'Cheques or bills? If they're cheques give them to me, if they're bills, give them to the wife!'

Cymeriad amlwg arall yn Rhosneigr bryd hynny oedd Bretta, Eidalwr o adeiladwr. Mi fedrwch weld ei waith o

hyd yn adeiladau'r pentref sydd â *façade* Eidalaidd arnyn
nhw. 'Smiler' oeddan nhw'n ei alw fo, am nad oedd o'n
gwenu o gwbwl!

Fatha pob man, wrth gwrs, roedd ganddoch chi ambell
gwsmer nad oedd cweit mor ddymunol. Doedd dim blwch
post gan un o'r rhain, felly pan o'n i'n mynd â'r post iddo,
roedd rhaid i mi fynd trwy'r drws cefn. Yno, wrth y bwrdd,
y byddai meilórd yn cael ei frecwast, ac mi fyddai jest yn
estyn ei law allan am y llythyrau, heb sbio arna i bron na
deud dim yn ôl wedi imi ei gyfarch o a gofyn sut oedd o.

Un diwrnod, ro'n i wedi cael digon ar y surbwch, ac mi
adewais y post ar y llawr rhwng y drws a'r bwrdd.

'Pick those up now!' medda fo mewn llais uchel.

'Pick them up yourself!' medda fi yn ôl wrtho, ac allan
â fi.

Un o'r achosion mawr ddaeth i sylw yn Rhosneigr yn
ystod fy nghyfnod i yno oedd hanes y tir comin a oedd
yn bwysig iawn yn y fro. Testun ffrae rhwng Cyngor Plwyf
Llanfaelog a'r Barnwr Mars Jones oedd y tir. Roedd gan y
barnwr dŷ yn yr ardal a byddai'n dod yno'n aml efo dau
neu dri o glercod i baratoi ar gyfer ei waith yn y llys.

Dwi'n cofio'r bagiau coch mawr efo ER arnyn nhw yn
landio yn y Post yn Llangefni, ac mi roeddan ni i gyd yn
gwybod mai ffeiliau ar gyfer Mars Jones oedd y rhain. Beth
bynnag, yr hyn wnaeth y barnwr yn y saithdegau cynnar
oedd ffensio rhan o'r twyni lleol heb fod ganddo hawl i
wneud y ffasiwn beth. Cododd hyn wrychyn pobol leol, ac
mi benderfynodd y cyngor plwyf fynd â fo i'r llys. Roedd
hyn yn dipyn o beth mewn difri o feddwl bod Mars Jones yn
farnwr a phob dim. Ond fe enillodd y cyngor plwyf yr achos
yn Llys Sirol y Fali. Digiodd Mars Jones ar ôl colli'r achos
yn y Llys Sirol a symudodd i fyw i rywle arall. Roedd rhai
yn dweud nad oedd o'n medru diodd9a'r syniad o wynebu'r
locals ar ôl cael cymaint o chwip din yn y llys.

Wrth sbio 'nôl mae'n rhyfedd gweld cymaint sy wedi
newid o ran gwaith y Post ei hun dros y blynyddoedd;

mae'n wasanaeth gwahanol iawn mewn cymaint o ffyrdd. Tair ceiniog oedd pris stamp pan gychwynnais i, ond mae o dros bunt heddiw.

Yn fy nghyfnod i fel postmon roedd y Post a'r Telecoms yn un, a *telephone exchange* ym mhob pentref mwy neu lai. Ein job ni fel postmyn yn y cyfnod hwn oedd mynd â batris i'r *telephone exchanges* bob dydd a mynd 'nôl y diwrnod wedyn i gael y rhai gwag. Mi fydden ni'n cael *overtime* am wneud y joban hon.

Daeth yn amlwg imi hefyd wrth fynd ar fy hald bod dipyn o dlodi ymysg rhai pobol yng nghefn gwlad o hyd, a llawer un yn ei chael hi'n anodd cadw'r blaidd o'r drws. Dyna esbonio, efallai, pam fod pres, a chael celc wrth gefn, mor bwysig i lawer o'r bobol hyn. Ychwanegwch at hynny gof teuluol am dlodi sy'n estyn yn ôl yn bell ac roedd y pryder yn un go iawn.

Pan ddois i'n gynghorydd sir ar Gyngor Môn mi welais sut yn union yr oedd pres yn *incentive* mawr i bobol, yn enwedig wrth imi fynd ar y Pwyllgor Planning a oedd yn delio â chaniatáu tai a defnydd tir ac ati. Roedd pwysau sylweddol ar gynghorwyr i adael i bethau gael eu datblygu beth bynnag oedd y rheolau. Dyna i chi hanes a hanner.

Mae yna stori dda am Jac Tyn Towyn, yr *undertaker*, yn mynd i fferm ar Sir Fôn i nôl corff rhyw hen fachgen, ac fe wyddai pawb a'i nain fod gan hwnnw dipyn o gelc. Dyma'r hen wraig yn deud wrth Jac, 'Mae isio chi wneud yr arch ddigon mawr iddo fo; mae o wedi dweud wrtha i ei fod isio mynd â'i bres efo fo.'

Paratowyd arch go fawr yn ôl y cais a daeth hi'n bryd i Jac ofyn i'r hen wreigan, 'Ydan ni'n barod i roi'r pres i mewn rŵan?'

'Na,' meddai'r hen wreigan, 'mi ro i siec i mewn yn eu lle nhw.'

Yn ystod fy nghyfnod efo'r Post yn Llangefni, mi godai yna gyfle bob hyn a hyn i fynd ar ambell gwrs. Roedd hynny'n gallu bod reit ddiddorol weithiau. Dyna'r tro hwnnw yr aethon ni i lawr i Coryton House, Caerdydd unwaith i wneud cwrs *Higher Grade*. Y tro hwn daeth cymeriad o'r enw Wil Tân efo ni. Nid Wil Tân y canwr enwog, ond Wil Tân o Amlwch oedd hwn.

Un hen ffasiwn ofnadwy oedd Wil na fu erioed oddi wrth ei wraig dros nos, ac felly roedd mynd lawr i Gaerdydd yn andros o brofiad diarth iddo. Roedd y creadur bach yn mynnu ffonio ei wraig deirgwaith y dydd, ar ôl brecwast, ar ôl cinio ac ar ôl swpar. Beth bynnag, roeddan ni wedi dod ar draws hogia o Newcastle ac ochra Durham oedd hefyd ar y cwrs yn Coryton House. Roedd rhain yn dipyn o wariars a deud y lleiaf.

Dyma nhw'n penderfynu mynd â ni lawr i ardal enwog Bute Street yng Nghaerdydd un noson ac mi landion ni wedyn yn un o'r pybs yno. Wrth y bar fe eisteddai dwy o ferched y nos. Trodd un o hogiau Newcastle ata i a deud, 'Let's have a bit of fun with Wil.' Aeth y Geordie at y bar a dechrau siarad efo un o'r merched a dyma hi wedyn yn symud o'r bar ac yn dod atan ni – ac ista ar lin Wil.

Welais i yn fy myw neb yn chwysu cymaint; roedd y chwys yn powlio ohono, yn llifo ohono, a'r creadur yn methu symud modfadd. Rhwbiodd yr hogan ei wallt yn ôl ac ymlaen a gofyn, 'What's your name, darling? Tell me your name.'

Mi gododd hi am eiliad, a dyma Wil druan yn sefyll ac yn rhedeg am ei fywyd allan o'r dafarn. Wyddwn i ddim ei fod yn gallu symud mor sydyn! Mi ffeindion ni wedyn bod Wil wedi ei bomio hi adra bob cam i'r hotel. Bore drannoeth dyma fo'n deud wrtha i, 'Cym di uffar o berig deud wrth Nacw!'

Er y cyrsiau yr oedd rhywun yn mynd arnyn nhw fel postmon, y *training* gorau o ddigon i mi oedd jest gwneud y job o ddydd i ddydd. Dod i nabod y gwahanol ardaloedd yn fy nhro, dod i nabod y tai a'u henwau nhw a dod i nabod y cwsmeriaid eu hunain wrth gwrs.

Yn y cyfnod hwn roeddwn i'n arfer delifro rhwng 400 a 600 o lythyrau bob dydd, sy'n andros o lot pan mae rhywun yn meddwl amdano fo. Ond dyna ni, roedd rhywun yn ei wneud o yn ei bwysau, yn hamddenol braf, a hynny ddim yn faich o gwbwl arna i a deud y gwir.

Un o'r jobsys bach braf oedd yn dod i fy rhan yn aml, ac yr o'n i'n mwynhau ei wneud fel postmon, oedd darllen llythyrau yn uchel i bobol. Llythyrau Saesneg oedd rhain at ei gilydd, gan na allai llawer un ar yr ynys ddarllen Saesneg. Byddwn yn ista wrth y bwrdd a darllen y llythyr i'r person wrth ben arall y bwrdd. Ro'n i'n teimlo rhyw fraint fawr o gael gneud hyn gan ei fod yn dangos fod gan bobol dipyn o dryst ynddo i i'w wneud o. Yn anorfod, cododd ambell i stori ddoniol o'r profiadau hyn.

Un o'r rhai ro'n i'n darllen ei lythyrau iddo fo oedd gŵr o'r enw Wesla, saer maen gwych iawn yn byw yn ardal Malltraeth. Mi welwch lawer o'i waith o hyd ar Y Drive yn y pentra. Wrth ofyn i mi ddarllen llythyr iddo fo, dyma fo'n deud, 'Os ydi o'n fil am £15, tafla fo i'r tân, Noel.'

'Ond mi fydda i'n gorfod dod ag un arall yn ei le i chi wedyn,' medda fi yn ôl wrtho.

'Tyd â fo. Mi gaiff o fynd i'r un lle!' oedd ei ateb.

Un o'r rowndiau trymaf oedd gen i yn y cyfnod hwn oedd pentra glan môr Benllech. Roedd 'na lot o dai wedi eu codi ym Menllech yn y cyfnod hwnnw gan ei fod o mewn lle mor braf, a phobol wedi dod i ymddeol yno 'rôl bod yn gweithio i gwmnïau megis ICI ac ati. Roedd y pentref hefyd yn reit wahanol i Rosneigr, sef pentref arall mwy Seisnig ar ben arall yr ynys y bues i yn gweithio ynddo. Y rheswm am hynny oedd bod mwy o bobol yn byw rownd y flwyddyn ym Menllech o'i gymharu â Rhosneigr; roedd fanno'n fwy o le tai gwyliau a deud y gwir. Yn rhyfedd iawn mae'r sefyllfa honno yn para o hyd yn ôl be dwi'n ei weld.

Fel ro'n i'n deud, roedd Benllech yn gallu bod yn rownd drom iawn i mi fel postmon. Weithiau, yn ystod wythnos y Nadolig, byddai ambell rownd gen i yno yn medru cychwyn am hanner dydd, ac ar adegau fyddwn i ddim yn ei gorffen tan wyth y nos. Wrth gwrs, roedd 'na lot mwy o lythyrau yn cael eu postio yn y cyfnod hwn ond mae'n reit ddiddorol bod cymaint o bost ym Menllech. Mae'n gwneud i rywun feddwl tybed a oedd yna lot o lythyrau yn mynd 'nôl a blaen rhwng teuluoedd dros y ffin gan fod cymaint o bobol o Loegr wedi symud i fyw i Benllech dros y blynyddoedd.

A finna mor hoff o bobol ac o gymdeithasu, roedd rhywun yn creu perthynas agos efo'r cwsmeriaid wrth ddod i'w nabod nhw o ddydd i ddydd. Gallai hynny fod yn anodd ar brydiau.

Pan o'n i'n bostmon ym Mhentraeth roedd stad Nant y Felin yn rhan o'r rownd. Yn aml byddai hogyn bach ifanc, del ac annwyl iawn allan yn chware ar y stad, a byddwn yn rhoi pethau da iddo wrth alw efo'r post i'r tŷ. Jehovah's Witnesses a redai ryw fusnas ym Mangor ar y pryd oedd y teulu.

Yn anffodus, mi gafodd yr hogyn bach bendics drwg a landio yn yr ysbyty. Oherwydd eu cred mi wrthododd y teulu iddo gael gwaed fel rhan o'r driniaeth, ac mi arweiniodd hynny at farwolaeth yr hogyn bach. Mi ges i fy ypsetio'n arw gan hynny, ac mi roedd rhaid imi gael deud wrth y tad pa mor flin oeddwn i am iddo beidio rhoi bywyd ei hogyn bach o flaen ei grefydd.

Mi rydw i'n greadur reit sensitif, rhaid deud, ac yn teimlo pethau i'r byw yn aml. Efallai mai'r ffaith 'mod i'n hoffi pobol cymaint sydd i gyfri am hynny. Dwi hefyd yn berson sy ddim yn licio annhegwch mewn bywyd ac yn barod i fynegi barn am hynny.

Yn yr wythdegau pan gaeodd yr hen Bost yn Llangefni, roeddan ni fel postmyn ar un adeg wedi cael ein gosod mewn Portakabins yn Stad Ddiwydiannol Llangefni. Rhaid cofio bod y Post yn Llangefni wedi ehangu'n arw erbyn y cyfnod hwn gan fod nifer o swyddfeydd post llai wedi cau ar yr ynys, gan ganoli pethau yn Llangefni.

Trefniant dros dro oedd hyn i fod, ond roedd y Portakabins hyn yn llefydd gwael iawn i ni fel gweithwyr ac roedd pawb yn cwyno. Mi godais dwrw ar ran yr hogiau gan fod y Post wedi addo swyddfa newydd inni wrth gau'r hen le. Mi sgwennais at y Post yng Nghaer am hyn ac mi yrron nhw ryw foi mawr *six foot four* o Gaer draw i Langefni i drafod efo ni.

Pan gerddais i fewn i'r offis roedd y boi mawr yn ista yno a'i draed ar y bwrdd. 'I want to talk to you,' meddai o mewn llais uchel.

'I want to talk to you as well,' meddwn i. 'When you take your feet down off the desk, I will talk to you.' A dyma fi'n troi am y drws.

Mi neidiodd ar ei draed a rhuthro at y drws. 'Come back. Come here,' medda fo wedyn. 'You're getting a new office!'

Yn 1991, wedi'r holl ddisgwyl amdani, y cyrhaeddodd y swyddfa newydd.

Dro arall es fel postmon i ryw dŷ bach gwyn, Rhos Boeth, tu allan i Benllech, rhwng Marian-glas a Llanallgo. Lizzie oedd yn byw yno, a finna'n cael gwadd i mewn ati i gael panad yn aml. Ond doedd dim posib gwneud hynny os oedd hi'n chwythu gan fod yna fwg mawr yn taro i'ch wyneb chi, a Lizzie yn dod i'r drws yn barddu mawr o gwmpas ei llygaid.

Difyrrwch wrth fynd o gwmpas oedd dod i wybod am y gafael sydd gan dirfeddianwyr mawr ym Môn o hyd. Yn ôl be dwi'n ei ddallt, mi gafodd y teuluoedd hyn y talpiau mawr yma o dir ar yr ynys oherwydd eu bod nhw wedi digwydd cefnogi'r ochr iawn yn y Civil War yn y 1640s. Ac mi barhaodd eu dylanwad hyd heddiw. Yn wir, ar un adeg roedd rhywun yn gallu cerdded yr holl ffordd o Bodorgan i Amlwch heb gamu troedfedd o dir y Meyricks.

Doeddan ni fel postmyn ddim yn cael mynd lawr y lôn at Blas Bodorgan; roedd hynny *out of bounds* am ryw reswm. Un tro mi fentrais ddreifio'r fan i lawr at y Plas ac o fewn munudau roedd asiant y Plas wedi ffonio'r swyddfa ym Mangor i gwyno amdana i. Ces fy ngalw mewn at Mr Thomas y Postfeistr i gael y *third-degree* am y drosedd ofnadwy hon. Aeth hwnnw drwy'r mosiwns o roi ffrae imi cyn gofyn ar y diwedd, 'By the way, Noel, do you want to buy a raffle ticket?' Roedd o'n ddyn mawr efo Clwb Fftwbol Biwmares ac yn torri'r glaswellt yno ac, mae'n amlwg, yn meddwl am les y clwb ffwtbol hyd yn oed wrth roi ffrae imi!

Un arall o jobsys answyddogol y postmon bryd hynny oedd cario newyddion o bentra i bentra. Wedi'r cwbwl, 'mond tair sianel oedd ar y teledu bryd hynny, a dim *social media*, a dim modd i bobol rannu gwybodaeth efo'i gilydd fel sy'n digwydd heddiw. Mae'n syndod sut ro'n i'n cael fy holi'n dwll gan lawer am be oedd yn digwydd yn y fan a'r fan. Mi gredai pobol bod y postmon yn un môr mawr o wybodaeth am bob dim a ddigwyddai ar yr ynys. Dwi'n lwcus bod gen i glust go fain ac yn gallu cofio pethau'n reit dda, felly ro'n i'n trio 'ngorau i gadw pobol yn y lŵp, fel tae!

4

Cynghorydd a Phostfeistr

Erbyn yr wythdegau cynnar, roedden ni fel teulu wedi symud o Malltraeth i Gaerwen. Roedd hi'n anodd imi adael yr hen bentra a oedd mor annwyl at 'nghalon i, ond roedd angen lle mwy canolog oherwydd 'ngwaith i fel postmon yn Llangefni. Mi ddewison ni Gaerwen gan fod y pentra'n reit agos at y gwaith a Bangor ddim yn bell chwaith.

Mi setlon ni yn Gaerwen yn syth, ac mi ddaeth y plant Sian, Arfon ac Edwin hwythau i fwynhau'r ysgol leol a gneud ffrindiau'n sydyn iawn. Ar ôl bod yno am beth amser, mi ge's gyfle i fynd ar y Cyngor Plwy lleol. Ro'n i'n mwynhau'r gwaith hwnnw wrth drafod gwahanol bethau i'w gwneud â bywyd y pentra.

Ddiddorol oedd gweld sut roedd rhai cynghorwyr yn ymateb pan roedd yna geisiadau yn dod mewn i godi ryw dŷ neu'i gilydd yn yr ardal. Yn aml, y cwestiwn cyntaf fyddai'n cael ei ofyn oedd: 'Lle mae hwn a hwn wedi cael y pres i wneud y cais?'. Dyma enghraifft arall o sut mae'r busnas pres 'ma'n gallu rheoli pob dim. Dois i weld hynny'n amlycach byth yn y rhan nesaf o 'mywyd wrth symud i fyny i'r Cyngor Sir.

Yn 1986 y cododd y cyfle hwnnw. Bu'n rhaid cynnal isetholiad Cyngor Sir yn Gaerwen wedi marwolaeth Mrs Jones Chemist oedd wedi bod yn gynghorydd yn y pentra ers blynyddoedd. Roedd ambell un wedi awgrymu y dylwn gynnig amdani. Ar y dechrau wnes i'm meddwl am y peth o ddifri ond mi ddaru'r syniad ddechrau tyfu arna i, yn enwedig gan mai ymgeiswyr hollol newydd fyddai pawb oedd yn sefyll y tro hwn; felly, doedd dim rhaid sefyll yn erbyn rhywun oedd wedi bod yno ers rhai blynyddoedd ac wedi hen sefydlu ei hun.

Penderfynais fynd i ofyn barn Mrs M. E. Edwards, Bodorgan ar y mater gan ei bod wedi bod ar y Cyngor Sir ers blynyddoedd mawr ac yn un o'r ychydig ferched oedd ar y Cyngor Sir bryd hynny. Ron i'n meddwl y byddai'n syniad imi ei holi hi gan ein bod yn adnabod ein gilydd ers blynyddoedd, a finnau wedi bod yn bostmon yn yr ardal, a hithau hyd yn oed yn cofio fi'n cael fy ngeni hefyd!

Dwi'n cofio fel tasa hi'n ddoe ista yn ei chegin hi yn cael panad ac yn deud wrthi 'mod i'n meddwl rhoi cynnig arni am sedd wag Gaerwen. Edrychodd Mrs Edwards arna i cyn deud, 'Wel, Noel, mae ganddon ni ddigon o rai gwirion ar y cyngor fel mae hi; waeth inni gael un arall aton ni ddim.' Dwi'n meddwl mai *back-handed compliment* maen nhw'n galw peth felly. Beth bynnag, ar ôl trafod y peth ymhellach efo Eira a'r teulu, mi benderfynais daflu fy het i fewn a mynd amdani.

Fel ymgeisydd annibynnol yr o'n i'n sefyll ac yn sefyll yn erbyn Raymond Evans, Pentre Berw, ymgeisydd annibynnol arall. Mi wnes dipyn o ganfasio o gwmpas y pentra a Sian y ferch, chwarae teg iddi, yn dod efo fi i roi dipyn o help llaw i'w thad. Ce's groeso go-lew ar garreg y drws yn lleol, ond doedd gan rywun ddim syniad sut yr oedd hi am fynd mewn difri, am fod Raymond a minnau'n ymgeiswyr hollol newydd. O feddwl am y peth, mae'n debyg mai Raymond oedd y ffefryn am ei fod o wedi bod yn byw yn yr ardal tipyn hirach na fi.

Beth bynnag am hynny, ce's fy synnu o'r ochr orau adeg pan ddaeth y canlyniad ro'n i wedi llwyddo i gael 468 o fôts, a Raymond Evans wedi cael 325. Ro'n i'n gynghorydd sir.

Teimlad braf iawn oedd meddwl bod pobol Gaerwen wedi rhoi eu trỳst ynof i ac yn dibynnu arna i rŵan i siarad drostyn nhw yn y Cyngor Sir yn Llangefni. Ond mi wyddwn hefyd bod yna waith caled o'm blaen i fel 'mod i'n dod i wybod sut roedd y Cyngor yn gweithio a beth yn union oedd rôl cynghorydd sir, a beth oedd disgwyl i mi ei wneud ac ati. Er hynny, ddychmygais i erioed gymaint o addysg fyddai hi i fod ar Gyngor Sir Ynys Môn. A hynny mewn mwy nag un ffordd.

Yn nes ymlaen yn y flwyddyn honno, mi enillais etholiad Cyngor Sir llawn, ac erbyn hynny, rôn i'n sefyll yn lliwiau Plaid Cymru am resymau yr eglura i nes ymlaen. Yn anffodus yn 1999 roedd rhaid i mi ildio'r sedd oherwydd i Eira fynd yn sâl a chael triniaeth reit ddifrifol. Roedd o'n benderfyniad anodd rhoi'r gorau iddi a finna 'mond wedi cychwyn arni mewn difri ond eto roeddwn i'n benderfynol o fod ar gael i Eira wrth iddi fynd trwy'r driniaeth. Dwi ddim yn difaru cymryd yr amser yna ffwrdd i fod efo hi yn y cyfnod anodd hwnnw.

Wedi i Eira wella a dod nôl i'w phethau, mi ddaeth yna gyfle imi drio eto yn Gaerwen yn yr etholiadau cyngor sir yn 2002. Digwydd bod, ro'n i wedi cael ryw bractis ryn ychydig ynghynt pan ddaeth sedd yn wag yn ardal Bodorgan. Gan 'mod i o hyd yn nabod cymaint o bobol yn f'ardal enedigol ro'n i'n meddwl fod gen i obaith ei hennill hi. Ella, o edrych yn ôl, na chanfasiais i ddigon, ac mi gollis o dair pleidlais ar ddeg i Robat Traed. Roedd hynny'n siom, ond wedi'r cwbl yn Gaerwen ro'n i a'r teulu erbyn hyn, ac mi ddaeth cyfle arall, fel ro'n i'n deud, i sefyll eto yn Gaerwen yn 2002.

Yn yr etholiad yma, ro'n i'n sefyll eto yn lliwiau Plaid Cymru yn lle bod yn annibynnol. Mi wnes y shifft honno nôl yn 1987 wrth gwrs, ar ôl bod yn gynghorydd annibynnol am rai misoedd. Roedd hynny'n rhannol am 'mod i wedi cael tipyn o gyngor ac arweiniad gan aelodau amlwg o'r Blaid ar y Cyngor Sir bryd hynny; pobol fatha Gwyn Jones Dwyran a Bob Parry Treban.

Roedd Gwyn Jones wedi sylwi 'mod i bach ym

mhobman efo fy fotio fel aelod annibynnol. Mi ddoth i 'ngweld i yn y Post ryw brynhawn, a deud yn blaen wrtha'i ei fod o wedi sylwi ar hyn.

'Yli Noel,' meddai o wrtha i, 'mi wyt ti dros y siop efo'r ffordd ti'n fotio ar hyn o bryd. Ond paid poeni, mae gen i'r ateb i dy broblem hefyd.'

A'r ateb oedd ymuno â grŵp Plaid Cymru ar y cyngor a chael criw o gynghorwyr y Blaid o 'nghwmpas i. Byddai hynny'n cynnig cefnogaeth ac arweiniad cyffredinol imi. Buan y sylweddolais bod hynny'n ddigon gwir. Criw bach o tua chwech oedd gan y Blaid ar y Cyngor Sir bryd hynny, ond roedd aelodau megis Gwyn Jones, Bob Parry a John Meirion Davies yn aelodau profiadol a wyddai eu pethau.

Yn yr etholiad hwn yn 1992, ro'n i'n cystadlu yn erbyn dau berson profiadol arall a oedd yn amlwg iawn yn lleol, sef Raymond Evans eto ac Emyr Jones, Bryn Esceifiog. A finna wedi bod allan ohoni am dair blynedd roedd hi'n dipyn o her cystadlu yn erbyn dau unigolyn mor flaenllaw. Ond unwaith eto mi roddodd pobol Gaerwen eu ffydd ynof i, a'r tro hwn roedd y mwyafrif ge's i hyd yn oed yn fwy.

Roedd cael mynd nôl ar Gyngor Sir Môn yn deimlad braf iawn ar ôl bod i ffwrdd oherwydd salwch Eira ond doedd gen i ddim syniad beth oedd o 'mlaen i wrth i gyfnod anodd iawn yn hanes Cyngor Ynys Môn ddatblygu. Roedd problemau wedi dod i'r amlwg yn ystod fy nghyfnod cyntaf yno rhwng 1987 ac 1989, ond mi aeth pethau o ddrwg i waeth y tro hwn a daeth Cyngor Sir i sylw Cymru gyfan am y rhesymau anghywir.

Amlygwyd problemau gyda materion cynllunio, cyhuddwyd pobl o gamddefnyddio eu pŵer, caed pryderon cyffredinol am ymddygiad cynghorwyr a sut oedd y cyngor ei hun yn cael ei redeg.

Cafwyd sawl rhaglen deledu am y problemau hyn, ac mi roedd y papurau lleol megis *Herald Môn*, *Holyhead and Anglesey Mail* a'r *Daily Post* yn cael digonedd o straeon am y cyngor i'w cadw nhw'n brysur iawn. Cymaint oedd y problemau roedd rhaid cael dau unigolyn o'r tu allan i ddod fewn i gadw trefn ar bethau ar wahanol adegau.

Y barnwr Michael Farmer ddaeth i mewn i gychwyn, Cymro Cymraeg o Ben-y-groes a hynny yng nghanol y nawdegau. Rhoddodd sawl un yn ei le mewn ffordd diflewyn-ar-dafod!

Rhai blynyddoedd wedyn, wedi i'r cyngor gael ei roi mewn *special measures* daeth yr Aelod Cynulliad Carl Sargeant i fewn acw ar ran Llywodraeth Cymru. Roedd Carl Sergeant yntau yn gallu ei deud hi'n strêt iawn, ac mi gafodd o gryn effaith ar bethau a deud y gwir. Yn drist iawm mi wnaeth y creadur amdano'i hun yn 2019. Andros o sioc oedd clywed am hynny a cholled fawr i wleidyddiaeth Chymru hefyd.

O 'mhrofiad i o fod ar y cyngor bryd hynny, roedd llawer o'r problemau yn codi o'r ffaith bod gan rai cynghorwyr ormod o bŵer, a'r prif swyddogion ddim yn ddigon cryf i falansio hynny.

Gwneud fy ngorau dros bentra Gaerwen a'i phobol fel cynghorydd unigol a chadw 'mhen i lawr wnes i nid trio crafu efo pobol i gael mynd yn fy mlaen. Wrth gwrs ro'n i hefyd yn rhan o grŵp y Blaid ac yn cael, ac yn rhoi, cefnogaeth yn fanno, felly doeddwn i ddim ar fy mhen fy hun.

Rhan o'r broblem efo'r Cyngor Sir bryd hynny, oedd bod yna cymaint o *departures* yn digwydd, sef penderfyniadau yn cael eu pasio er eu bod yn mynd yn groes i gyngor y swyddogion. Ro'n i wir yn teimlo dros swyddogion cynllunio fel Wil Evans ac Arthur Owen, a ddaeth yn ei sgil o, yn gweld eu cynghorion a'u canllawiau gofalus yn cael eu chwalu'n racs mor amal. Gwelais Wil Evans ar dro yn taflu ei feiro i'r awyr yn y ffrynt wrth weld y cynghorwyr yn pasio rhywbeth arall oedd yn y groes i'w gyngor o.

Pan ge's i gyfle i fynd ar y Pwyllgor Cynllunio fy hun, roedd mynd ar y *site visits* ar y bỳs i weld gwahanol leoliadau ar yr ynys yn agoriad llygad arall imi. Byddai rhywun yn sefyll ar ryw safle neu'i gilydd yn gwrando ar y swyddog cynllunio yn mynd dros y cais ac wedyn yn sylwi bod yna ddyrnaid o gynghorwyr wedi diflannu i rywle. 'Lle ddiawl mae'r rhain wedi mynd?' y byddai rhywun yn ei ofyn iddo'i hun, cyn cael ar ddeall eu bod wedi mynd i'r tŷ i drafod telerau efo'r person oedd yn cyflwyno'r cais ar y safle. Cyn hir byddai sïon ar led bod amlenni brown yn dod allan er mwyn gwneud yn siŵr bod y cais yn cael ei basio. Welais i erioed yr un amlen frown yn newid dwylo, ond roedd gymaint o sôn amdanynt, roeddent yn ymddangos yn rhan o ddiwylliant y cyngor ar y pryd, ond eto heb ddim ar bapur doedd dim modd profi hynny, a heb brawf doedd dim ffordd y gallai swyddogion cyfreithiol y cyngor wneud yr un dim amdano.

Mi glywais unwaith bod ffarmwr wedi talu £3,000 i un cynghorydd er mwyn cael ryw gais cynllunio trwodd. Mae'n siŵr bod eraill wedi clywed yr un math o straeon ac efallai'n wir mai dyna pam yr oedd y Pwyllgor Cynllunio mor ddeniadol i ambell un. Wrth fod mewn safle i wneud penderfyniadau byddai tipyn o bŵer a statws yn dod i'w ganlyn, ac efallai bod hynny wedi cael ei gamddefnyddio yn amlach nag y dylai.

Mi ge's innau gynnig arian sawl gwaith i basio rhywbeth neu'i gilydd, ond che's i erioed fy nhemtio i fynd lawr y lôn honno, dwi'n falch o ddeud. Diolch byth bod y fagwraeth ge's i ynghyd â'r holl flynyddoedd cynnar yna yng Nghapel Elim Malltraeth yn amddiffyniad reit gryf rhag hynna'i gyd. Fel y sonias i, yr elfen ro'n i'n ei fwynhau fwyaf fel cynghorydd oedd trio sefyll dros bobol Gaerwen a gwneud y gorau gallwn i ar eu rhan.

Un peth oedd yn ngwylltio fel cynghorydd oedd pan fyddai rhywun yn cael ei gamarwain gan ambell un. Beth allai rhywun ei wneud mewn sefyllfa felly ond brathu ei dafod a deud wrtho'i hun: 'Noel, rhaid iti fod yn fwy *sceptical* am geisiadau fel yna'r tro nesa.' A bod yn deg rhaid imi ddweud mai eithriadau oedd yr rhain a bod y rhan fwyaf a ddaeth ar fy ngofyn am help yn lleol yn hollol *genuine* yn eu bwriadau nhw.

Yn gyffredinol wrth gwrs, roedd yr holl gyhoedd-usrwydd gwael gafodd y Cyngor Sir am y problemau hyn yn anodd i bawb ohonom ni fel cynghorwyr. Er mai criw bychan oedd yn ganolbwynt i'r holl sylw, roedd pawb yn cael ei baentio â'r un brws, a bron nad oedd yna deimlad o gywilydd weithiau bod yn gynghorydd ar y ffasiwn gyngor sir. Mae'n rhaid imi ddeud 'mod i'n hynod o falch fod pethau wedi gwella'n arw yno erbyn hyn a phroblemau'r gorffennol fel petaen nhw wedi cael eu clirio'n llwyr. Yn naturiol mae'n fy mhlesio'n arw bod grŵp y Blaid, o dan arweiniad medrus Llinos Medi, wedi cynyddu yno erbyn hyn a bod y grŵp hwnnw bellach yn rheoli'r Cyngor.

Er yr holl broblemau welais i yn ystod fy nghyfnod i ar y cyngor hyd at 2006, rhaid imi ddeud 'mod i wedi cael profiadau da yno, wedi gwneud ffrindiau da yno, ac wedi dysgu llawer iawn hefyd yn ystod yr holl broses. Mae'n debyg mai'r rôl swyddogol y mwynheais i fwyaf yno oedd cael bod yn Gadeirydd Pwyllgor Iechyd yr Amgylchedd rhwng 2002 a 2006. Un peth ydi bod yn gynghorydd ond mae bod yn gadeirydd pwyllgor yn fater gwahanol, gyda thipyn mwy o bwysau a chyfrifoldeb yn perthyn i'r gwaith.

Ro'n i'n lwcus iawn cael Grant Shaw yn Brif Swyddog yr Adran gan ei fod mor barod i gynnig cyngor ac arweiniad imi o'r cychwyn cyntaf. Wrth i mi ddechrau, mi ddeudodd wrtha i, 'Now you're the bloody Chair, you've got to bloody well see what we do here!' Ac mi gadwodd at ei air hefyd gan roi profiadau *hands-on* iawn i mi. Dwi'n ddiolchgar iawn iddo am yr addysg ge's i ganddo fo wrth wneud hyn.

Arferwn fynd efo fo i weld problemau mewn sawl lle a dod i weld rhai tai mewn budreddi mawr mewn llefydd fatha Caergybi, a chyffuriau'n rhemp yno ac yn y blaen. Problem sylweddol i'r cyngor oedd gweithredu'n effeithiol mewn sefyllfa lle roedd pobol yn mynnu byw yn y fath amgylchiadau.

Ond roedd yna broblemau mawr yng nghefn gwlad hefyd. Un tro es efo Grant Shaw i weld tŷ mewn cyflwr diawledig. Roedd yno hen fachgen â chap gwlân ar ei ben, cap nad oedd byth yn cael ei dynnu ffwrdd ganddo ddydd na nos; roedd y cap yma fel ail groen iddo a'i wallt yn tyfu drwyddo! Peth da i Gadeirydd Pwyllgor Iechyd ac Amgylchedd oedd cael gweld a phrofi pethau fel hyn yng nghwmni'r Prif Swyddog.

Bu un datblygiad ym maes Iechyd ac Amgylchedd ar fy ngharreg drws fy hun yn Gaerwen, sef Ffatri Gig Halal ar y stad ddiwydiannol. Ella wir bod y cynllun hwn yn un o'r rhesymau pan ge's i fy newis yn Gadeirydd y Pwyllgor Amgylchedd.

Roedd hwn yn ddatblygiad mawr i Gaerwen ac yn cyflogi tua 350 o bobol ar un adeg, un o gyflogwyr mwya'r ardal yn hawdd. Roedd perchennog Halal ar y pryd, Mr Ali, yn awyddus iawn imi weld bob dim oedd yn digwydd yno.'I want' oeddwn i'n ei alw fo, gan ei fod o'n cychwyn pob brawddeg bron trwy ddeud 'I want'. Am ryw reswm, roedd o'n meddwl fod gen i lot mwy o *clout* ar y cyngor sir nag oedd gen i, ac mai fi oedd yn gyfrifol am lot oedd yn digwydd yno. Ron i'n cael gwadd ganddo byth a beunydd i ryw bethau yn Halal, ac mi roedd o'n arfer ffonio'n aml gyda'r nos hefyd. Yn aml pan ganai'r ffôn tua'r un ar ddeg 'ma a chlywed Eira'n deud yn uchel 'O, it's you again Mr Ali' byddai'n rhaid imi ysgwyd 'mhen.

Un tro holais Mr Ali am ddiffyg arwyddion Cymraeg ar y safle. Atebodd ar ei ben, 'You find me more Welsh workers, Noel, and I will put up more Welsh signs for you.' Cyfeirio oedd o at y ffaith bod yna gryn dipyn o Bwyliaid yn gweithio yn y ffatri ar un adeg, a Mr Ali'n awgrymu eu bod nhw'n llawer mwy awyddus i weithio yno na llawer o Gymry lleol.

Ar un adeg roedd gan Halal ddim llai na 14 o swyddogion iechyd eu hunain ar y safle gan fod yr *operation* lladd anifeiliaid mor fawr yno. Lladd gwartheg oeddan nhw i gychwyn, tua 5,000 ohonyn nhw bob wythnos, ond wedi miri'r BSE ac yna Clwy'r Traed a'r Genau yn 2000 mi newidion nhw gyfeiriad a mynd mwy am ladd ŵyn. Os rhywbeth, aeth yr *operation* hyd yn oed yn fwy yno wedyn, gyda 25,000 o ŵyn yn cael eu lladd bob wythnos.

Ar ben y lladd, datblygodd busnes pacio mawr ar y safle gan fod llawer o'r cig oen yn cael ei bacio ar gyfer mynd i archfarchnad Asda. Roedd Halal yn gyflogwr pwysig yn cynnal teuluoedd lleol, felly pan gaewyd y safle yn 2014 roedd hi'n andros o ergyd i'r ardal. Ar wahân i'r rhai a weithiai yn yr adeilad ei hun roedd hi'n ergyd fawr i ffermwyr lleol hefyd gan fod rhaid iddyn nhw rŵan gario eu hanifeilaid i'w lladd mewn mannau llawer pellach. Dwi'n meddwl mai Llanybydder ydi'r unig ladd-dy yng Nghymru erbyn hyn, ac Ellesmere yn Lloegr ydi'r lle agosaf wedyn. Sy'n wirion bost a deud y gwir.

Mae'n fater trist iawn i mi'n bersonol nad ydi hen safle Halal – dros dri deg acer yn Gaerwen – wedi ei lenwi. Mae rhywbeth mawr o'i le efo trefn sy'n gadael i safle mor fawr a chanolog a chyfleus sefyll yn wag yng nghanol y pentra, yn enwedig gan fod sefyllfa swyddi mor wael i bobl ifanc yn yr ardal yma ar hyn o bryd.

Er gwaetha'r cyfan, mae'n rhaid imi ddeud mod i wedi mwynhau fy nghyfnod fel Cadeirydd y Pwyllgor Amgylchedd ar y Cyngor Sir. Roedd hi'n fraint cael cyfrannu mewn ryw ffordd fach at y gwaith o warchod yr amgylchedd arbennig sydd gynnon ni yma yn Ynys Môn.

Yn ystod y cyfnod hwn, y datblygodd y syniad o greu llwybr arfordir Môn sydd wedi dod yn adnodd mor boblogaidd i bobl leol ac ymwelwyr fel ei gilydd. Mae'r llwybr wedi ei gwblhau erbyn hyn, wrth gwrs, cant ac ugain o filltiroedd o gwmpas yr ynys. Tipyn o gamp, a dwi'n falch 'mod i wedi gallu chwarae ryw ran yn y gwaith hwn.

Braf gweld hefyd bod llawer o arian gan Lywodraeth Cymru ac o gronfeydd Ewropeaidd hefyd wedi bod o help i'w ddatblygu ar hyd y blynyddoedd diwethaf yma. Ella nad ydi codi'r llwybr wedi creu swyddi mawr yn ei sgil ond does dim amheuaeth ei fod o wedi gwella amgylchedd naturiol ar yr ynys a rhoi cyfle i bobol ei ddefnyddio i gadw'n heini ac i weld mwy ar eu cynefin eu hunain. Rydan ni mor lwcus yn byw ar ynys mor brydferth, a dwi'n diolch bob diwrnod am hynny a deud y gwir.

Fel rhan o nyletswyddau fel Cadeirydd y Pwyllgor Amgylchedd ro'n i hefyd yn cael mynd i wahanol gynadleddau a digwyddiadau ac ati. Dwi'n cofio mynd i seremoni gwobrwyo Shotton Paper Mills yn ochra Fflint a oedd yn ailgylchu papur inni yn y Cyngor Sir. Y Cymro Syr Wyn Roberts, ac yntau'n Ysgrifennydd Gwladol Cymru ar y pryd, oedd yn cyflwyno'r wobr i'r cwmni. Wrth gwrs, un o Fôn ei hun, o Lansadwrn, oedd Syr Wyn yn wreiddiol, ac yn llawn hanesion am yr ynys a'i phobol. Roedd o'n sgwrsiwr mawr, yn un hawdd siarad ag o, ac unwaith ddalltodd o 'mod i'n dod o Malltraeth a fyntau â chefnder yn byw yno doedd dim taw arno fo.

Yn y cyfnod hwn hefyd cododd cwestiwn Wylfa B ac mi es un tro ar daith i Sellafield i weld y gwaith prosesu gwastraff yno. Roedd hwnnw'n andros o brofiad gan fod y lle ei hun mor anferth: deuddeg milltir o safle o dan do i gyd. Doedd gen i ddim problem efo'r syniad o ynni niwcliar fel y cyfryw ond mi roeddwn i'n poeni – ac mi rydw i'n dal i boeni hyd heddiw – am y busnas creu arfau sydd ynghlwm â niwcliar. Yna, wrth gwrs, dydy'r broblem anferth o beth i'w wneud â'r gwastraff heb ei ddatrys yn iawn. Roedd adroddiad diweddar yn un o'r papurau yn deud y gallai'r bil am gladdu gwastraff o unrhyw orsaf niwcliar arall fyddai'n cael ei chodi yng Nghymru fod yn £350 miliwn. Dyna fil a allai suddo unrhyw syniad o Gymru annibynnol cyn iddi gychwyn bron. Mae hynna'n boen meddwl anferth i rywun.

Annie Mary Jones a Hugh Thomas, tad a mam Noel, yn y 1940au.

Y teulu bach yn 1947.

Kate Jones, nain Noel a mam Annie Mary, yn gwarchod yr un bach yn Bodfal House.

Kate Jones, Annie Mary a Mr Walker y lojar yn Bodfal House, 1955.

Noel tua deg oed gyda'i gyfnitherod o America: Joan ar y dde a Nan ar y chwith.
A Moi Post yn cadw golwg ar bawb trwy ffenest Siop y Post.

O, am ryddid sydd i'w gael ar feic! Atgof poenus yn y carchar.

Noel a'i fam a dillad priodas yn y 1950au.

Tad Noel yn ei dŷ gwydr llewyrchus yng ngardd gefn Bodfal House.

Yncl Bob, Joinars, 'ail dad' Noel o flaen Bodfal House. Gwelir hefyd Bob Hughes y postmon.

Noel gyda'i fam a'i dad yng ngardd Bodfal House yn grand ar eu ffordd i briodas.

Noel yn 16 yng ngardd gynhyrchiol Bodfal House.

Car cyntaf Noel. Cyfrwng mynd i'w waith – ac i weld Eira.

Paratoi ar gyfer ei ben-blwydd yn un ar hugain.

Noel ac Eira tua diwedd y 1960au.

Dydd priodas Noel ac Eira, yn Neuadd y Dref, Llangefni, 12 Mawrth, 1969.

Yn Siop Newydd: Elsie, Eira, Gwen, Noel a Menna; cydweithwyr da.

Sian, Edwin ac Arfon ar y trên – un o fwyniannau mawr Noel, fel ei dad.

Noel ac Eira yn y glaw yn Sbaen rywbryd yn y 1970au.

Sian, cydawdur y gyfrol hon, yn blentyn yng nghowt Siop Newydd.

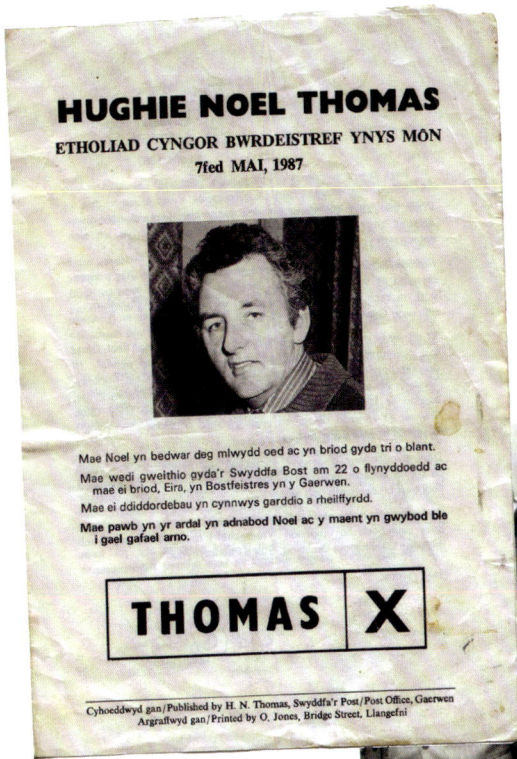

HUGHIE NOEL THOMAS

ETHOLIAD CYNGOR BWRDEISTREF YNYS MÔN
7fed MAI, 1987

Mae Noel yn bedwar deg mlwydd oed ac yn briod gyda tri o blant.
Mae wedi gweithio gyda'r Swyddfa Bost am 22 o flynyddoedd ac mae ei briod, Eira, yn Bostfeistres yn y Gaerwen.
Mae ei ddiddordebau yn cynnwys garddio a rheilffyrdd.
Mae pawb yn yr ardal yn adnabod Noel ac y maent yn gwybod ble i gael gafael arno.

THOMAS X

Cyhoeddwyd gan/Published by H. N. Thomas, Swyddfa'r Post/Post Office, Gaerwen
Argraffwyd gan/Printed by O. Jones, Bridge Street, Llangefni

Pamffledyn canfasio Noel yn 1987. Fe wnaeth y tric – a bu'n llwyddiannus!

Gweithgaredd y Cyngor ym mis Tachwedd . . .

Cyfarfod teyrnged i Dr Kelly yn Ysgol Bodorgan ar achlysur ei ymddeoliad.

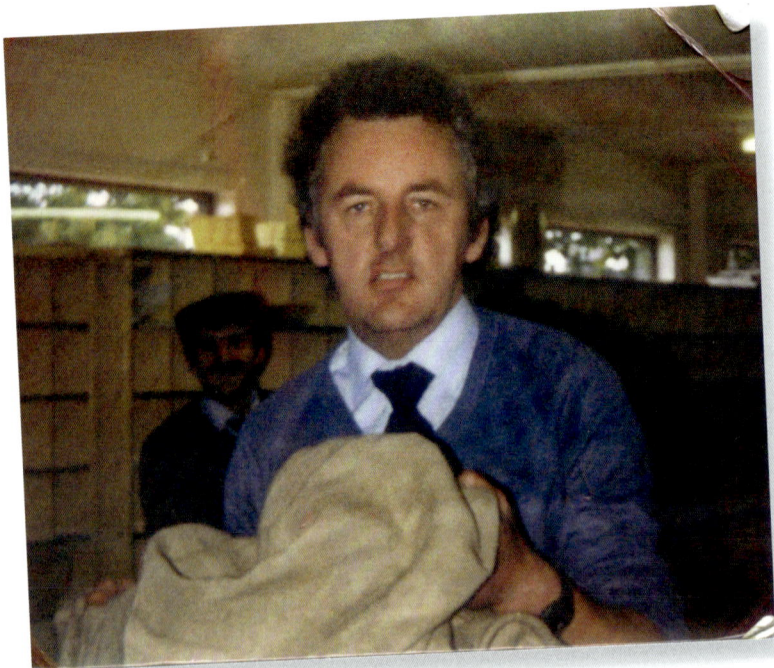

Noel wrth ei waith yn y Post yn Llangefni. Bu wrth ei fodd yno am chwe mlynedd ar hugain.

Noel a thrigolion y sir mewn gorymdaith trwy Gaerwen tua 1992 i ddathlu Eisteddfod Môn.

Noel fel Cadeirydd y Pwyllgor Amgylchedd yn seremoni gwobrwyo Shotton Paper Mills. Hogyn o Fôn oedd Syr Wyn Roberts, Ysgrifennydd Gwladol Cymru ar y pryd, ac yn llawn hanesion am yr ynys a'i phobol.

Yn rhinwedd ei swydd fel Cadeirydd y Pwyllgor Amgylchedd dyma Noel yn Oriel Môn ar achlysur Sul y Maer. Y Maer yw Goronwy Parry, y Fali.

Dipyn o orchwyl i Noel oedd cafnod ei lais o flaen Cynghorwyr profiadol. Dyma gynulliad tua diwedd y 1980au.

Agor Oriel Môn yn 1991. Amgueddfa ac oriel bwysig i gasglu ac arddangos celf a gwrthrychau sy'n ymwneud ag Ynys Môn.

Y Cynghorydd Noel Thomas
ar ei draed.

Sul y Maer ym Miwmares.

Dyw'r trafod a'r ystyried ddim yn peidio dros ginio. Sgwrs ddifyr rhwng Noel a'r
Cynghorydd Hywel Hughes.

Noson ffarwelio â Noel yn Lastra, Amlwch ar ôl 26 mlynedd fel postmon.
O'r chwith i'r dde: Alan, Emrys, Gwynfor, John Gwyn, Trefor, Alun a Gwilym.

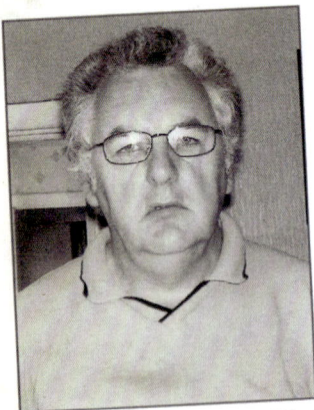

Galwodd
Noel Thomas
Ymgeisydd Plaid Cymru
dros ardal Llanfihangel
Ysgeifiog
yma heddiw

- Postfeistr yn y Gaerwen
- Hawdd i'w gyfarch
- Hawdd ei adnabod
- Hawdd i gysylltu ag o
- Addo bod yn hollol agored
  ac yn ddi-duedd

Gellir cysylltu ag ef ar:
01248 422115

Cyhoeddwyd gan Plaid Cymru, 45 Stryd Y Bont, Llangefni
Argraffwyd gan WO Jones (Printers), Llangefni, Ynys Môn

Wrth benderfynu sefyll dan liwiau
Plaid Cymru roedd Noel bellach yn
rhan o dîm ac mewn gwell safle,
gobeithio, i gael y meini i'r wal.

Noel wrth y lôn newydd,
yr A55, ger Lôn Graig.

Canfasio i gael Noel yn gynghorydd, ac yna sgwrs efo Ieuan Wyn Jones, A.S.

Cefndryd a chyfnither Noel yn ddathlu pen-blwydd arbennig Medwyn: Alan Williams, Medwyn Williams, Gordon Thomas, Joan Thomas a Noel.

Aduniad teuluol yng Nglantraeth gyda Modryb Madge o 'Merica.

Dathliad teuluol yn y
Gaerwen Arms 2007.

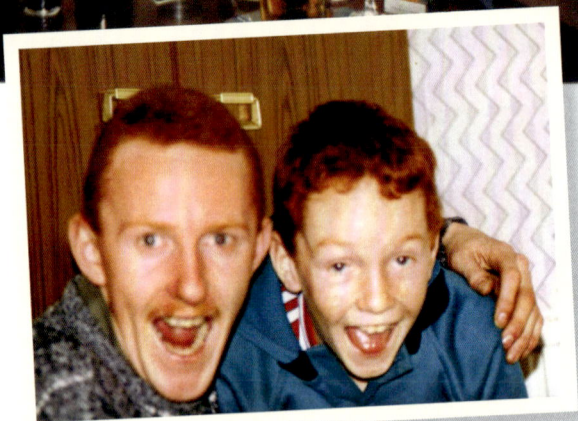

Arfon ac Edwin yn y
Post yn y Gaerwen.

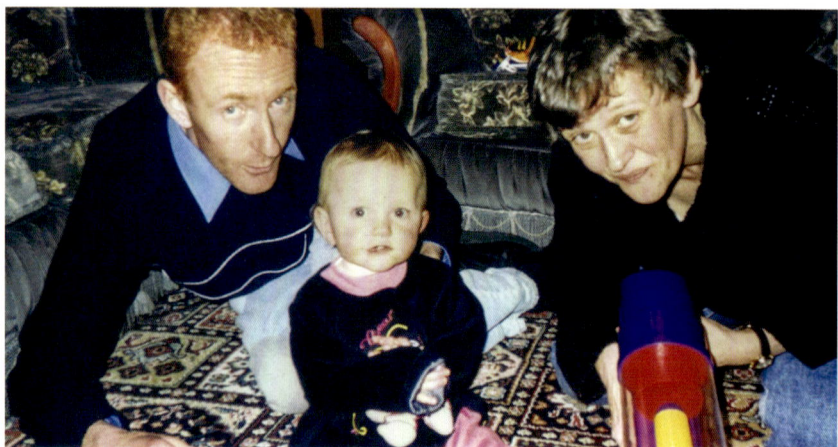

Arfon, Jade a Trish.

Edwin, Sian ac Arfon wedi rhyddhau Noel o'r carchar.

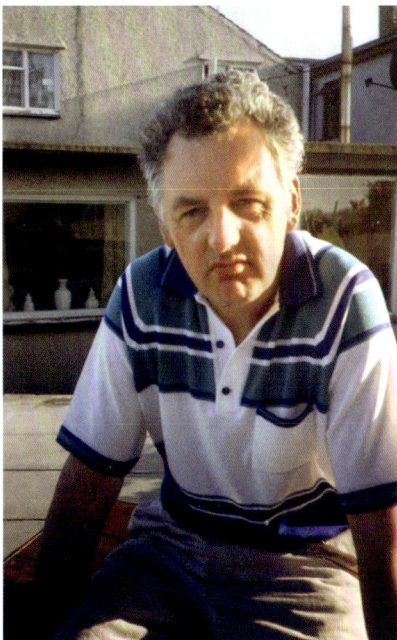

Noel yn y 1990au yng nghyfnod llewyrchus Post y Gaerwen. Pwy allai fod wedi credu bryd hynny y byddai'r fath dro ar fyd?

Rhos Elen, Gaerwen: dinas noddfa trwy'r holl helbul.

Noel a Neil. Byddai Neil Hudgell a'i gwmni yn cynrychioli 33 o is-bostfeistri yn yr Uchel Lys yn 2021.

Y cawr bach yn trechu'r post! Wedi'r holl waith paratoi, hanner awr gymerodd tri o Arglwyddi'r Gyfraith i gyhoeddi eu dyfarniad y bore hanesyddol hwnnw.

Noel a Lee Castleton o Bridlington, yr is-bostfeistr cyntaf i gael ei wahardd o'i waith fel rhan o'r holl saga.

Dwi'n cofio bod mewn pwyllgor unwaith pan roedd y cynlluniau am Wylfa B yn dod i'r golwg a'r datblygwyr yn sôn eu bod nhw eisiau claddu'r gwastraff ym Mynydd Parys gan fod y shafftiau yno yn mynd lawr yn ddwfn iawn, iawn, hyd yn oed i'r môr mewn llefydd. Wrth gwrs mae Wylfa B wedi diflannu erbyn hyn, er bod yna sôn o hyd am greu ryw orsafoedd niwcliar bychain. Gawn ni weld be ddaw o hynny yn y man.

Ond o fynd yn ôl at Fynydd Parys mae'n ddiddorol deall bod Anglesey Mining Company wedi cyhoeddi eu bod nhw isio ailddechrau cloddio yno. Roedd eu Hadroddiad Blynyddol llynedd (2022) yn dweud eu bod nhw'n hapus iawn efo'r rhagolygon am gloddio copr a llawer o fineralau eraill gan gynnwys lithiwm sydd yno'n helaeth mae'n debyg. Mae lithium, wrth gwrs, yn bwysig iawn ar gyfer creu batris i geir trydan sy'n dod mor amlwg erbyn heddiw.

Byddai'n braf meddwl y gallai'r datblygiad hwn greu swyddi newydd yn Amlwch a'r cylch sydd, fel gweddill Môn, gwir angen mwy o gyfleon economaidd.

Mae'n rhaid mi ddweud bod 'na rhai cynghorwyr arbennig ar y Cyngor a fu'n ysbrydoliaeth i mi wrth imi ddysgu 'nghrefft fel cynghorydd. Un o'r rhain oedd y Cynghorydd Goronwy Parry o'r Fali. Fel ro'n i'n arfer deud yn aml: dyma'r unig Dori da dwi erioed wedi ei gyfarfod. Roedd Goronwy yn ŵr dymunol iawn ac yn barchus iawn ata i bob amser ac yn barod iawn ei gyngor a'i gefnogaeth ar hyd yr adeg, hyd yn oed wedi imi groesi'r llawr a symud o fod yn Annibynnol i fod yn gynghorydd Plaid Cymru. Doedd hynny'n poeni dim ar Goronwy gan mai delio â mi fel unigolyn wnâi o bob tro.

Ro'n i'n edmygu'r ffordd y byddai'n dal ei dir yn y cyngor ac yn cadw ei urddas beth bynnag oedd yn digwydd o'i gwmpas, a beth bynnag oedd yn cael ei ddeud amdano. Doedd hi ddim yn hawdd arno fod yr unig gynghorydd Tori ar y Cyngor Sir, ond llwyddodd i gadw ei sedd dro ar ôl tro, sy'n dangos cymaint o feddwl oedd gan bobol Y

Fali ohono. Mi roedd gen i le i ddiolch i Goronwy yn nes ymlaen yn fy hanes hefyd wedi iddo ddanfon sawl llythyr cefnogol imi tra ro'n i'n wynebu'r cyfnod anoddaf un yn fy mywyd wedi imi gael fy ngharcharu ar gam.

Un arall yr oedd gen i feddwl mawr ohono oedd y Cynghorydd o Gaergybi, Jimmy O'Toole. Er mai cynghorydd Llafur oedd o roedd o'n dueddol o gadw hyd braich o'r criw Llafur a redai bethau yng Nghaergybi. Roedd gan Jimmy O'Toole ei farn ei hun ar bethau a doedd arno ddim ofn mynegi ei farn yn ddiflewyn–ar-dafod waeth beth oedd y sefyllfa. Weithiau byddai hynny'n costio'n ddrud iddo.

Un noson dois allan o gyfarfod Cyngor Sir yn Llangefni a dyma Jimmy'n gofyn imi pryd oedd y bỳs nesa nôl am Gaergybi. Cynigais lifft adra iddo ac mi ge's hanes Llafur ac ati yn fy nghlustiau yr holl ffordd, ac am hanner awr wedyn y tu allan i'r tŷ. Bu Jimmy yn ddiolchgar iawn imi am y tro da hwnnw, ac mi roedd o wastad yn barod i fy helpu efo materion yn ymwneud â Gaerwen wedi hynny, chwarae teg iddo.

Dro arall, ro'n i mewn pwyllgor tai gyda'r Cyfarwyddwr Tai ar y pryd, John Arthur Jones, yn trafod beth i'w wneud ynglŷn â chartrefu teulu o Wyddelod oedd newydd landio yng Nghaergybi. 'Send them back to Ireland!' meddai Jimmy, 'We've got too many Irish in Holyhead as it is' – a f'yntau'n Wyddel ei hun, wrth gwrs!

Morawelon, stad tai cyngor mwya Caergybi a stad gyngor fwya'r ynys i gyd o ran hynny, oedd *home ground* Jimmy. Roedd o'n driw iawn i bobol Morawelon a nhwythau yn eu tro yn driw iawn iddo yntau hefyd.

Dipyn o *rough diamond*, fel maen nhw'n ei ddeud, oedd Jimmy ac mae'n debyg bod Cledwyn Hughes, cyn-Aelod Seneddol Llafur, Ynys Môn adeg canfasio yng Nghaergybi yn poeni braidd be fyddai Jimmy yn ei ddeud wrth fynd efo fo rownd rhai lefydd yn y dre, felly perswadiodd Cledwyn Jimmy i aros ym Morawelon a pheidio mentro ymhellach na fan'no ar y *campaign trail*. 'It's better that you focus on Morawelon for me Jimmy,' meddai Cledwyn, 'That's where your people are.'

Roedd yna sawl *operator* ar y Cyngor Sir oedd yn gallu troi'r dŵr i'w melin eu hunain. Dwi'n cofio un cynghorydd yn siarad yn gryf iawn mewn cyfarfod yn erbyn datblygiad tai ar ddarn o dir gan ddeud nad oedd ei angen o gwbl ar y pentref. Wedi i'r cais gael ei wrthod, ac o ganlyniad i hynny gweld gostyngiad ym mhris y tir, pwy brynodd y tir ond y cynghorydd – a llwyddo wedyn i gael codi pedwar tŷ arno.

Roedd yr hen gynghorydd wedi priodi *divorcee* ac wedi mynd i fyw ati mewn byngalo go ddrud. Un bore, ro'n i wedi galw heibio'r tŷ wrth fy ngwaith fel postmon, a gweld *pick-up truck* mawr tu allan a dynes yn taflu dillad iddo *full-speed*. Ei wraig oedd yn y broses o'i daflu allan o'r tŷ. Mi gafodd y creadur ei flingo'n o ddrwg yn y busnas yma.

Un arall dylanwadol yn ei ffordd ei hun oedd W. J. Williams, Talwrn. Roedd mam WJ, sef Maggie, yn dipyn o ddylanwad arno ac yn gymeriad a hanner. Dwi'n cofio iddi osod carafán fawr ar dir WJ ym Mryn Clorian, Talwrn a rhoi'r enw 'Haul a Gwynt' arno. Arfer Bob Thomas, mwddrwg mawr oedd efo ni yn y Post yn Llangefni, oedd sgriblio allan yr enw 'Haul a Gwynt' ar yr amlen a fyddai'n mynd i Maggie, a sgwennu 'Caravan' yn ei le. Byddai Anti Maggie yn mynd o'i cho am hyn.

Fel soniais i gynnau, roedd y cynghorydd Gwyn Jones, Dwyran yn ddylanwad mawr arna i ar y cychwyn ac yn help mawr imi i gael fy nhraed danaf pan landiais i yn y cyngor. Roedd gan Gwyn *people skills* da iawn a gallai fod yn berswadiol iawn ei ffordd, eto roedd ganddo andros o dempar a dwi'n ei gofio fo yn ei cholli hi'n aml mewn cyfarfod ac yn stormio at y drws i adael – cyn newid ei feddwl a dod nol i ista'n ei set.

Cynghorydd arall reit ddylanwadol ar y pryd oedd John Meirion Davies, Porthaethwy. Roedd John Meirion yng ngrŵp y Blaid ond a allai fynd ei ffordd ei hun yn aml. Llyfrgellydd oedd John Meirion o ran ei broffesiwn ac roedd o'n gallu defnyddio geiriau i fafflio'r cynghorwyr eraill.

Cofio unwaith ista mewn pwyllgor a John Meirion yn tynnu rhywun yn rhacs efo'i eiriau. Dyma ryw gynghorydd wrth f'ymyl yn deud wrtha i, 'Ewadd, mae hwn yn siarad yn dda 'ndydi?' a finna'n deud wrtho fo, 'Ydi; ond ti'n gwbod am bwy mae'n siarad 'ndwyt?'. Hwnnw'n dallt dim.

Un peth oedd yn gallu bod yn anodd imi fel cynghorydd ar adegau oedd y ffaith 'mod i'n nabod cymaint o bobl trwy fy ngwaith fel postmon gynt. Teimlwn weithiau 'mod i'n gynghorydd sir gyfan gan fod pobol o sawl ardal wahanol yn gofyn imi eu helpu efo ryw fater neu'i gilydd. Mi driwn fod yn gwrtais ac yn barchus wrth y bobl hyn ac esbonio mai yn Gaerwen yr oeddwn i yn gynghorydd ac nad oedd fy *remit* i yn mynd dim pellach na hynny mewn difri. Mae'n debyg bod canfasio fel hyn cyn ceisiadau ac ati wedi ei wahardd gan Gyngor Sir Môn erbyn hyn, a hynny'n symudiad er gwell hefyd ddeudwn i. Mae'r penderfyniadau rŵan yn debycach o gael eu llywio gan gyngor proffesiynol y swyddogion eu hunain, yn lle diddordebau gwahanol unigolion y tu allan i'r cyngor.

Yn rhyfedd ddigon, ce's wahoddiad i fynd yn ôl fel cynghorydd ar gyfer etholiadau'r cyngor sir y llynedd, ym Mai 2021. Roedd hi'n fraint imi gael y ffasiwn wahoddiad a finnau wedi bod allan ohoni ers pymtheg mlynedd a mwy. Er fod cael y gwahoddiad yn deimlad braf iawn dderbyniais i mohono gan fod gen i gymaint ar fy mhlât wrth setlo materion efo'r Post. A beth bynnag, mae cymaint o waith y cyngor ar yr 'hyrdi gyrdi' fel dwi'n galw'r ffôns symudol a'r *tablets* 'ma erbyn heddiw. Mi faswn i ar goll yn trio negoshietio'r rhain dwi'n meddwl.

A'r gwir ydi, wrth gwrs, bod pethau wedi newid cymaint ers imi fod ar y cyngor. Dyna i chi syniad y 'cabinet', er enghraifft, syniad a gafodd ei gyflwyno gan Lywodraeth

Cymru yng Nghaerdydd. Drwy'r drefn hon dim ond ryw ddeg o bobol sy'n rhedeg y Cyngor mewn difrif, a llawer o'r cynghorwyr eraill ar y tu allan yn edrych i fewn fel petai. Y ddadl ydi bod y system hon yn gwneud gwaith y Cyngor yn fwy effeithiol.

Yn bersonol, dwi ddim yn siŵr a ydi hwn yn syniad da. I mi, mae o fel petai o'n rhoi'r grym i gyd i ddyrnaid bach o gynghorwyr yn lle eu bod nhw i gyd yn rhan gyfartal o reoli'r cyngor. Er hynny, dwi'n meddwl fod y syniad o dalu cynghorwyr am eu gwaith erbyn hyn yn syniad da. Ryw £900 oedd y tâl pan ddaeth y cynllun i mewn tua 2000, ond erbyn hyn, dwi'n dallt ei fod o tua £14,000 y flwyddyn. Mae hynna'n ffordd o ddenu mwy o bobol i gynnig eu henwau ar gyfer eu hethol, ac mae hynny'n beth da yn fy meddwl i.

Mi helpodd fy nghyfnod fel cynghorydd i mi ddatblygu sgiliau gwrando, sgiliau pwyso a mesur a'r sgil o ddysgu gofyn cwestiynau i mi fy hun ac i bobl eraill. Dwi'n meddwl hefyd 'mod i wedi dysgu dallt pobl ar lefel ddyfnach, dallt sut i ddarllen pobl a dallt be oedd yn gyrru pobol hefyd. Hynny i gyd, a bod yn barod i newid fy marn ar adegau os oedd y ffeithiau yn newid.

O edrych yn ôl, ella 'mod i wedi mynd i fewn yno ychydig bach yn naïf gan edrych i fyny ar lawer oedd yno cyn cael fy siomi nid yn unig wrth weld yr hyn oedd yn digwydd yno ond hefyd o weld sut roedd sawl un yn ymddwyn. Dwi'n cofio sbio'n hollol syn ar un cynghorydd yn taflu ei holl bapurau i'r awyr yn ei dempar am ei fod wedi methu â chael ryw gadeiryddiaeth neu'i gilydd. Y statws o gael bod ar wahanol bwyllgorau neu o gael cadeiryddiaeth pwyllgor oedd yn gyrru popeth i rai; yn sicr 'What's in it for me?' oedd hi yno'n aml.

Mi ofynnais i sawl tro i mi fy hun, 'Mam bach, sut fath o le dwi 'di landio ynddo fo?' Ond dyna ni, roedd o i gyd yn rhan o'r profiad, am wn i, ac mae pob profiad yn werthfawr mewn bywyd, debyg.

✳

Yn 1981, mi ddaeth yna brofiad newydd a her newydd sbon imi pan gafodd Eira a finnau'r cyfle i redeg Swyddfa Bost Gaerwen. Gan fod y Post hwn tipyn mwy ac yn golygu dipyn mwy o waith na'r un ym Malltraeth doedd dim cwestiwn gallu cario 'mlaen fel postmon hefyd. Eto, ro'n i'n lwcus iawn bod Eira efo fi yn rhedeg y busnas; roedd hi'n brofiadol yn y maes, ac roedden ni'n dau yn gweithio'n dda fel tîm. Dwi'n gwybod na fyddai hyn yn gweithio i lawer i gyplau, ond i ni doedd dim problem o gwbwl bod yn ŵr a gwraig a gweithio efo'n gilydd pob dydd.

Roedd o'n ddipyn o newid byd i mi, wrth gwrs. Colli cwmnïaeth yr hogia yn y swyddfa bost yn Llangefni a cholli'r hwyl a'r pryfocio oedd yn gymaint rhan o'r gwaith hwnnw. Colli hefyd yr hwyl o gael trampio rownd yr ynys yn y fan bost. Ond buan ddaru rywun setlo yn y rôl newydd a ffeindio'r un cyfle i sgwrsio a chael hwyl yng nghwmni pobol, er y cyfrifoldebau newydd oedd gen i fel postfeistr.

A thros y ddeuddeg mlynedd nesaf mi lwyddodd Eira a finnau fildio'r busnas i fyny i fod yn reit llwyddiannus. Roedd yr amseru'n dda iawn inni mewn ffordd gan fod Gaerwen yn datblygu fel pentra yn y cyfnod hwn, a mwy o dai yn cael eu codi yn ei ganol. Hefyd, roedd busnesau'r stad ddiwydiannol, a oedd yn tyfu, yn gwneud defnydd ohonan ni fel post lleol iddyn nhw. Roedd hynny'n eu harbed nhw rhag gorfod mynd i Fangor neu Langefni.

Un esiampl wych o'r tyfiant hwn oedd Huws Gray, y cwmni adeiladu lleol sydd wedi datblygu i fod yn un o brif fusnesau gogledd Cymru a thu hwnt erbyn hyn. Mi wnaethon ni gysylltiad pwysig iawn efo'r cwmni ac efo'r ddau brif gyfarwyddwr, John Llew a Terry Roberts, sef hogyn o Bodffordd. Mi berswadiais i nhw unwaith i beidio gwario pres mawr ar brynu *franking machine* i'r busnas gan addo y byddan ni'n sortio'r gwaith o roi stampiau ar eu cynnyrch nhw a fyddai'n mynd allan yn y post. Mi dyfodd honno'n andros o *operation* wrth i Huws Gray dyfu ac mi fyddan ni – Eira, fi a Sian – wrthi ffwl-sbid yn y cefn sawl noson wedyn yn rhoi stampiau ar gannoedd o lythyrau a pharseli iddyn nhw. Mi dalodd hynny inni drwy gael mwy o fusnes i'r Post wrth i Huws Gray dyfu yn y 90au ac ymlaen i'r lle maen nhw wedi cyrraedd erbyn hyn.

Roedd bod yn bostfeistr yn waith trwm iawn o ran oriau am ei fod o'n cynnwys gwaith gyda'r nos efo gwahanol bethau yn aml. Eto'i gyd, a finna'n berson mor gymdeithasol ac wrth fy modd yng nghwmni pobol, roedd hi'n joban ddelfrydol; cawn ddelio â phobol a siarad â phobol bob dydd.

I raddau roedd bod yn bostfeistr hefyd fel bod yn ryw fath o gwnselydd yn gwrando ar unigolion yn rhannu eu profiadau ac yn sôn am yr hyn oedd yn eu poeni nhw neu'r hyn oedd yn eu gwylltio. Doedd o ddim yn fêl i gyd, wrth gwrs, ac mi roedd rhywun yn gorfod dysgu lot o amynedd wrth wrando ar ambell un yn lladd ar rywun neu'i gilydd wrth y cowntar. Ond dyna ni, roedd rhywun yn dysgu llawer trwy brofiadau fel hyn, felly doeddwn i ddim yn gwarafun eu cael nhw.

Ro'n i hefyd yn gweld y swydd o fod yn bostfeistr yn ffitio'n dda efo'r rôl arall oedd gen i fel cynghorydd sir lleol. Cyfle arall oedd y swydd i helpu pobol efo gwahanol bethau. Aml i noson byddai cwsmeriaid yn dod acw i'r cefn fel y gallwn i seinio pethau iddyn nhw, neu esbonio ryw ffurflenni iddyn nhw. Mi seiniais i sawl ewyllys a phapurau *divorce* ar fwrdd y gegin gefn ar noson waith.

Dros y blynyddoedd, hyd at 2006, mi lwyddodd Eira a fi fildio'r busnas i fyny yn reit sylweddol, a gallai'r *takings* fod tua £100,000 yr wythnos. Wedi'r cwbl, 'ndoedden ni'n delio efo lot o bethau gwahanol: taliadau Manweb, insiwrans, Giro, pensiwn, Savings, leisans car, teledu ac ati ac ati. Ar ben hynny, byddai pobl yn talu arian i mewn i wahanol *savings accounts* yn y Post. Cofiwch, hefyd, bod busnesau lleol megis Huws Gray, Halal a Hydraroll yn tyfu ac yn ein defnyddio ni ar gyfer danfon eu post i bob rhan o Brydain, felly roedd y busnas wir yn llifo mewn o bob cyfeiriad.

Erbyn 2000 roedd y llwyddiant hwn wedi talu'n dda inni, a finna'n ennill cyflog o £30,000 yn rhedeg y post. Wrth gwrs, roedd y tâl wedi codi wrth i'r busnas ei hun ddatblygu. Mi wyddwn bod hwn yn gyflog da iawn yn yr ardal hon, a pha mor lwcus oeddwn i.

Rhedai Eira siop fach yn y post yn gwerthu pethau da, cardiau a ryw fân bethau eraill, ac roedd y busnas hwnnw hefyd yn gwneud yn dda. Roedd popeth yn mynd yn ardderchog inni fel teulu yn y cyfnod hwn.

O sbio nôl, roeddan ni hefyd yn lwcus iawn bod y Post bryd hynny reit yng nghanol y pentra ar ochor y lôn, ac yn ganolfan naturiol i bobl leol i ddod at ei gilydd a chael jangl ddyddiol.

Y drefn efo'r busnas oedd balansio'r arian bob dydd Mercher ac yna danfon y ffigurau i'r Swyddfa Bost ym Bangor er mwyn eu cadarnhau yr un diwrnod. Roedd rhaid i'r *balances* hyn fod yn iawn bob wythnos er mwyn imi allu cario 'mlaen i fod yn bostfeistr. Dyna oedd y cytundeb efo'r Post.

Hyd at 2000, roedd hyn i gyd wedi cael ei wneud â llaw ac mi allai gymryd oriau i'w wneud bob dydd Mercher. Y system oedd y byddwn i'n gneud y *tally* cyntaf ac wedyn byddai Eira yn sbio drosto i weld a oeddwn i wedi gwneud ryw fistêc yma ac acw. Roedd gan Eira bâr o lygaid da iawn at hyn, ac yn aml byddai hi'n dal ar bethau'n sydyn os oedd yna rywbeth o'i le. Roedd system y tîm hwn yn gweithio'n iawn: y ddau ohonom yn ei dallt hi, ac roedd y Post a'r *auditors* a edrychai dros ein gwaith o bryd i'w gilydd hefyd yn hapus.

Ond roedd ein bywydau ar fin newid yn llwyr.

Yn 1998, blwyddyn wedi i Tony Blair gael ei ethol yn

Brif Weinidog newydd Prydain, mi gyhoeddodd ei fod am gyflwyno ryw 'IT Revolution'. Fel rhan o hyn, roedd o isio compiwtareiso holl systemau swyddfeydd post Prydain, fel y byddai'r gwaith balansio yn cael ei wneud yn electronig o hynny allan.

Roedd yna lot o frolio am sut y byddai'r system hon yn gwneud systemau'r Post yn fwy effeithiol, yn hwyluso'n gwaith ni fel postfeistri, ac yn cynnig gwell gwasanaeth i'r cyhoedd yn sgil hynny.

Fel rhan o hyn, mi ge's i fy nanfon ar gwrs hyfforddiant i ddeall y system newydd a fyddai'n dod i mewn yn 2000. System o'r enw Horizon oedd y system IT hon ac fe gâi ei rhedeg gan Fujitsu, y cwmni *Japanese* mawr.

Yn y Victoria yn Llanberis y cafodd y cwrs hwnnw ei gynnal, a dwi'n cofio mai fi oedd y postfeistr ieuengaf yno. Mi ddeallais wedyn bod sawl un o'r rhai oedd yn y cyfarfod hwnnw wedi ymddeol yn hytrach na gorfod mynd trwy'r broses o gyflwyno'r system electronig newydd yn eu swyddfeydd post lleol. Petawn i'n gwybod be oedd o 'mlaen i efo Horizon efallai'n wir y byddwn innau wedi gwneud yr un fath.

Ond dyna ni, dydan ni byth yn gwybod beth sydd o'n blaenau ni mewn bywyd.

5

Y Cyhuddo

O'r pwynt hwn bydd Llythyr Noel *yn newid ryw gymaint wrth inni glywed llais newydd yn adrodd cyfran o'r hanes: llais Sian Thomas, merch Noel. Ar hyd y blynyddoedd bu gan Sian ran enfawr ym mrwydr ei thad ac ymladdodd yn ddygn drosto.*

O hyn allan, byddwn yn clywed llais Noel a Sian am yn ail wrth i'r ddau ohonyn nhw adrodd am y profiad erchyll a ddaeth i'w rhan fel teulu dros y blynyddoedd yn dilyn cyhuddo a charcharu Noel ar gam.

Gall Sian gynnig sylwadau o safbwynt y teulu cyfan: ei mam Eira, a'i brodyr Arfon ac Edwin.

Er bod dwy flynedd ar bymtheg wedi mynd heibio ers y digwyddiad a newidiodd eu holl fywydau fel teulu 'nôl yn 2006, mae canlyniadau y profiad hwnnw i ryw raddau yn dal i fynd rhagddynt heddiw, yn 2023

Yn rhan nesa'r llyfr, byddwn hefyd yn ceisio cyflwyno peth o hanes ehangach yr holl helynt drwy edrych ar rai o'r troeon cyfreithiol a gwleidyddol y bu'n rhaid i'r teulu eu hwynebu.

NOEL:
Ar fore dydd Iau 'nôl ar 13 Hydref 2005 y cychwynnodd y cwbwl.

Ro'n i wedi bwriadu agor y Post fel arfer y bore hwnnw, ond am 7.30 daeth dau berson at y drws, cnocio, a chyflwyno eu hunain imi fel dau *auditor* lleol. Ar un ystyr roedd hynny'n rhyddhad imi gan 'mod i wedi bod yn cael problemau cyfrifo efo'r system am beth amser.

'Ia, wn i,' meddwn i wrthyn nhw ar garreg y drws, 'mae 'na bres ar goll, 'does?' Gofynnodd y ddau imi gau'r Post dros dro ac inni fynd i'r cefn i gael sgwrs. Dyma fi'n eu dangos nhw trwodd i'r cefn a gofyn iddyn nhw be oedd y broblem.

'Mae yna broblem efo'r *accounts*,' meddai un ohonyn nhw. 'Mae 'na bres ar goll yn y Post.'

'Faint yn union sy ar goll felly?' holais.

'£48,000,' atebodd un ohonyn nhw.

Er 'mod i'n gwybod bod yna broblemau acw, mi aeth fy nghalon i'm sgidiau i, ac roedd rhaid imi ista ar y soffa mewn sioc llwyr. Mi ofynnais a oedd hi'n iawn imi roi gwybod i Eira'r wraig a Sian y ferch, ac mi ges ffonio Sian yn ei gwaith, a deud wrthi i ddod 'nôl yn syth i'r gegin yn y Post.

Gan fod 'y nghalon i'n curo mor galed mae'n syndod 'mod i wedi gallu ei ffonio hi o gwbwl, ond mi lwyddais i wneud hynny, ac mi ddaeth hi draw. Daeth Anti Gwenda, chwaer Eira, draw hefyd. Prin 'mod i wedi gallu esbonio i Sian ac i Eira beth oedd wedi digwydd cyn imi glywed cnoc arall ar y drws. Dau *auditor* rhanbarthol o Lerpwl oedd yna. Gofynnodd un yn syth:

'Where's the money?' Bron nad oedd hi'n cyfarth arna i. 'What have you done with the missing £48,000?' meddai hi wedyn. Dyna oedd ei chwestiynau cyntaf imi, bron cyn iddi gyflwyno ei hun.

'I haven't touched any of the money,' meddwn yn ôl, gan drio bod mor gadarn ag y gallwn i er bod fy llais yn crynu a 'myd i'n chwalu o 'nghwmpas i.

Mi esboniodd yr *auditors* eu bod nhw wedi gwneud dau *audit* a bod y ddau yn dangos bod £48,000 ar goll a'u bod nhw wedi gofyn i bostfeistr lleol arall, Jim Clarke o Lanfair, ddod i redeg y Post yn fy lle i. Fel y digwyddodd pethau, dim ond rhyw hanner awr y buodd o yno, cyn ffeindio ei fod o £10 i lawr yn syth. Mi ddeudodd o yn y fan a'r lle nad oedd o am gario 'mlaen gan fod yna ormod o risg yn y sefyllfa – felly caewyd y Post yn llwyr. Roedd hynny'n arwydd cynnar i bawb fod yna rywbeth amheus iawn yn mynd ymlaen.

Y peth nesaf ddigwyddodd yng nghanol hyn i gyd oedd car heddlu yn landio y tu allan a dau heddwas yn dod i'r tŷ.

'Cuff him!' meddai'r *auditor* o Lerpwl wrth un ohonyn nhw yn syth ond fel y digwyddodd hi, roedd Gwenda, efaill Eira, yn nabod yr heddwas, a chafodd air ag o. Chwarae teg i'r heddwas hwnnw, mi wrthododd roi'r *cuffs* arna i.

Gorchymyn nesaf yr *auditor* o Lerpwl oedd 'mod i'n cael fy arestio am *theft* a bod rhaid imi fynd efo'r heddlu i'r stesion yng Nghaergybi. Y funud honno! Mae'n debyg mai dyna fyddai wedi digwydd hefyd, 'blaw bod Sian wedi camu mewn i bethau. Deudodd y dylen ni gael cinio cynnar fel teulu, ac y byddai hi'n fy ngyrru draw i Gaergybi yn syth wedi hynny.

A dyna fu. Roedd y teulu cyfan acw: fi, Eira, Sian, Arfon, Edwin ac Anti Gwenda yn ista mewn sioc ac yn trio byta rhyw frechdanau ham, a'r rheiny'n hollol ddi-flas ac fel papur bron yng ngheqau pawb.

'Dwi ddim wedi dwyn ceiniog,' meddwn i wrthyn nhw yn fy nagrau, a phrin yn gallu cael 'y ngeiriau allan.

Ac mi roddodd y *group hug* teuluol gawson ni yn ein dagrau yn y gegin y sicrwydd hwnnw imi o'r dechrau y byddai'r teulu yn gefn imi beth bynnag ddigwyddai. Yn lwcus iawn i mi, mae hynny wedi aros yn gadarn ar hyd y bedlan ac wedi bod yn fodd i 'nghynnal i er gwaetha pob dim sy wedi digwydd.

Blur llwyr oedd gweddill y diwrnod hwnnw. Mi gyrhaeddon ni Gaergybi ar ôl cinio, ac mi fues yn y stesion trwy'r dydd tan oriau mân bore drannoeth. Roedd hi'n broses ddiflas uffernol gan fod rhaid disgwyl am fy nhwrna cyn gallu cychwyn arni a finna jest yn ista yno â phob math o feddyliau yn fflio rownd yn fy meddwl i.

Yr hyn oedd yn anhygoel oedd er 'mod i'n ista yng

Ngorsaf Heddlu Caergybi, yr *auditors* eu hunain, nid yr heddlu, oedd yn holi – a hynny ar ran y Swyddfa Bost! Doedd yr heddlu eu hunain ddim yn rhan o'r peth o gwbwl. Erbyn gweld, roedd gan y Swyddfa Bost yr hawl i erlyn pobol eu hunain; doedd dim rhaid cael heddlu na'r CPS o gwbwl. Dyma arwydd bach i mi o'r holl awdurdod a'r holl bŵer oedd gan y Post, a oedd i wneud cymaint o lanast o 'mywyd i yn y blynyddoedd oedd i ddod.

Pan gyrhaeddodd fy nhwrna dyma fo yn fy nghynghori i ddeud 'No Comment' i bob dim fyddai'n cael ei ofyn imi; gallwch ddychmygu felly nad oedd rhyw lawer yn cael ei ddeud er inni fod yn ista yno am oriau.

Ro'n i jest mewn cyflwr o fod yn hollol *numb* gan drio prosesu beth oedd wedi digwydd imi, ond ddim yn medru gneud hynny'n iawn. Roedd fy meddwl i'n gybolfa o feddyliau a theimladau, y naill ar draws y llall yn ddi-stop.

Ar ôl oriau o fod yno, mi ddaeth Sian i 'nôl i yn y car. Roedd hi tua dau y bore arna i'n cyrraedd 'y ngwely'r noson honno. Chysgais i ddim winc trwy'r nos. Mewn un diwrnod roedd fy mywyd i, a bywyd y teulu cyfan, wedi newid yn llwyr. Cafodd ei droi ben i waered ac ro'n i'n gwybod na fyddai pethau byth yr un fath i mi nac i'r teulu chwaith. Roeddwn i'n ŵr, yn dad, yn daid, yn bostfeistr, yn gynghorydd, ond roedd hi fel tasa'r roliau yna i gyd wedi cael eu tynnu oddi arna i mewn chwinciad – a finna'n *ddim* erbyn hyn.

Byddai'n rhaid imi ddeffro yn y bore a wynebu bywyd fel rhywun oedd wedi cael ei gyhuddo o ddwyn £48,000 o'r busnas yr o'n i wedi ei redeg ers deuddeg mlynedd. Dyna i chi deimlad i ddeffro efo fo peth cynta yn y bore. Roedd y Post wedi cau, a'r stori am pam ei fod o wedi cau yn dew ar hyd yr ardal.

Gan 'mod i wastad wedi bod yn berson oedd yn mwynhau gweithio, a mwynhau cyfarfod pobol bob dydd, roedd y syniad na fyddai hynny'n bosib o hyn allan bron yn amhosib imi ei wynebu. Dwi dal yn ei chael hi'n anodd hyd heddiw i ddisgrifio'n iawn sut deimlad oedd hynny imi.

Ond mae un peth yn saff: y flwyddyn oedd i ddod oedd y flwyddyn anoddaf y bu'n rhaid imi ei hwynebu erioed.

SIAN:

Y bore hwnnw, y bora cafodd Dad ei arestio, ro'n i'n gweithio yn A. O. Roberts Builders yn Gaerwen. Ces alwad ffôn gan Mam tua chwarter wedi wyth yn gweiddi ac yn sgrechian ac yn deud bod rhaid imi ddod adra'n syth, bod yna rywbeth ofnadwy wedi digwydd i Nhad.

'Be sy? Be sy?' ro'n i'n ei holi.

'Fedra i'm deud wrthat ti dros y ffôn, ond mae dy dad mewn uffar o firi yma. Tyd adra'n syth,' oedd ateb Mam.

Mi redais i fyny grisiau i ofyn i'r bòs am amser i ffwrdd, a dreifio adra i'r Post mewn panic llwyr heb wybod o gwbwl be fyddai'n fy wynebu i.

Pan es i mewn i'r gegin, roedd Mam wrth y sinc yn beichio crio. 'Be sy 'di digwydd? Be sy 'di digwydd?' ro'n i'n gweiddi arni hi.

Y cwbwl roedd Mam yn medru'i wneud oedd deud, 'Dy dad,' a nodio at y rŵm ffrynt. Es i mewn i'r rŵm ffrynt a gweld Dad ar y soffa, efo tri pherson diarth yn sefyll o'i gwmpas.

'Be sy wedi digwydd, Dad? Be sy'n mynd ymlaen yma?' holais i.

Edrychodd Nhad i fyny arna i efo golwg boenus uffernol ar ei wyneb cyn deud mewn llais distaw, 'Mae'r *auditors* 'ma'n deud 'mod i wedi dwyn £48,000 o'r Post.'

Ro'n i mewn sioc llwyr, a dyma Anti Gwenda yn trio deud rhywbeth wrthan ni. 'Don't you speak that language in front of me!' cyfarthodd un o'r tri. Wel, mi wnaeth hynna 'ngwylltio i'n llwyr, a dwn i ddim sut wnes i ddim rhoi llond pen iddi am fod mor sarhaus.

Dro ar ôl tro byddai'n ailadrodd yr un cwestiwn, 'What has he done with the money? You must know what he's done with it. C'mon, don't make things difficult for us.'

Roedd y cwestiwn yma'n bowndian rownd 'y mhen i drwy'r dydd, ac yn dal yno oriau wedyn pan ddreifion ni i Gaergybi i nôl Nhad, wedi iddo gael ei ollwng gan yr heddlu yn oriau mân y bore.

Cwestiynau, cwestiynau, cwestiynau: dyna fyddai 'mywyd i a bywyd y teulu cyfan o hyn ymlaen.

NOEL:
Roedd y tri mis ar ddeg nesaf yn hunllef llwyr a bod yn onest. 'Nôl a blaen o wahanol lysoedd: Llangefni, Caernarfon, yr Wyddgrug, wyth gwaith i gyd wrth i'r achos symud yn ei flaen yn ara deg. Ces ar ddeall erbyn hyn mai 'Theft' a 'False Accounting' oedd y cyhuddiadau yn f'erbyn ac mai £48,000 oedd y swm dan sylw, ond doedd dim o hyn yn cael ei ddeud yn yr achosion o gwbwl. Ym mhob un bron, jest mater o fynd gerbron oedd hi, rhoi fy enw a 'nghyfeiriad a dyna hi tan yr achos nesaf. Doedd dim cyfle i mi ddeud yr un gair yno. *Deferred* tan y tro nesa oedd hi bob tro – gan nad oedd pethau'n barod. Er bod tua chwech o dwrneiod y Post yn troi i fyny bob tro yn eu siwtiau Savile Row, doedd dim byd yn cael ei ddeud ganddyn nhw mewn difri.

Roedd hi'n broses holl *frustrating* a deud y gwir, a doedd rhywun ddim nes i'r lan ar ôl pob ymddangosiad.

Ond roedd rhaid imi ddysgu derbyn y sefyllfa, gan fod y twrneiod yn deud wrtha i y byddai holl fanylion yr achos yn cael eu trafod yn llawn yn yr achos olaf yn y Llys Sirol. Fel cawn ni weld yn y man, ro'n i'n naïf iawn yn coelio hyn ac yn derbyn y protocol cyfreithiol fel tasa fo'n rhyw efengyl. Fi oedd wirionaf yn coelio y byddai yna gyfle rhywbryd imi ddadlau fy achos, a cheisio profi i bawb 'mod i'n ddieuog, ac nad o'n i wedi dwyn yr un geiniog.

Yn anffodus, mi ddois i weld yn sydyn iawn wirionedd yr hen ddywediad hwnnw, 'the law is an ass'.

Y peth anoddaf yn ystod y misoedd hyn i mi o ddigon oedd peidio cael gweithio, a ffeindio ffyrdd o lenwi'r dyddiau hir gan 'mod i wedi fy sysbendio o 'ngwaith gan y Post. Dwi wedi bod yn weithiwr mawr ar hyd y blynyddoedd, ac roedd peidio cael gweithio fel carchar ynddo'i hun imi.

Tor calon arall oedd gorfod wynebu pobol wedi i'r hanes gael ei blastro ar draws y *media* a'r papurau lleol fel y *Daily Post* a'r *Holyhead and Anglesey Mail*. Dwi wastad wedi ceisio 'ngorau i fyw bywyd da a gwasanaethu 'nghymuned fel postfeistr a chynghorydd, a rŵan dyma'r cwmwl mawr du yma uwch 'y mhen i.

Mi ddigwyddodd rhai pethau annifyr iawn yn y cyfnod hwn hefyd. Dyna'r tro ro'n i mewn archfarchnad pan waeddodd rhywun, 'Lock the doors! The thief has landed.' Fel arfer, ac yn gyffredinol, doedd pobol ddim yn deud pethau i 'ngwyneb i, ond doedd rhywun ddim yn gwybod be oedd yn mynd trwy eu meddyliau nhw a beth oedd yn cael ei ddeud yn ddistaw bach amdana i.

Roedd rhywun yn cael ei siomi mewn cyfeiriadau eraill hefyd. Ro'n i wedi gweithredu fel Ysgrifennydd Is-bostfeistri Gwynedd rhwng 2002 a 2004 ond pan ofynnais i a oedd modd cael unrhyw help gan y *federation* mi ddaru'r ysgrifennydd ar y pryd, droi rownd a deud wrtha i, 'If you've put your hand in the till, I can't help you.'

Y cwbwl allwn i wneud efo pethau fel hyn oedd dal fy mhen yn uchel a jest gobeithio y byddai'r cwbwl yn dod i'r golwg ar ddiwedd y dydd, ac y byddwn i'n cael fy nghlirio ymhen amser.

Roedd fy nghydwybod i'n gwbwl glir.

Ro'n i'n gwybod nad o'n i wedi dwyn unrhyw bres o gwbwl.

Roedd fy nheulu'n gwybod nad oeddwn i wedi dwyn unrhyw bres, ac er 'mod i'n ennill cyflog reit barchus erbyn 2006, bywyd modest iawn yr oeddan ni'n ei fyw fel teulu, a finna'n rhedeg hen Saab fel car hefyd.

Ro'n i'n gwybod yn ogystal fod gen i syniad go dda beth oedd wedi mynd o'i le: y system gyfrifiadurol newydd. System Horizon, system ddaeth mewn i'r Swyddfa Bost yn 2000.

Fel y deudais i'n gynharach, tan hynny roedd y cyfrifon wythnosol i gyd yn cael eu gneud â llaw. Roedd gan Eira a minnau system dda rhyngddon ni'n dau i wneud hyn am oriau bob pnawn dydd Mercher, cyn danfon y ffigurau draw i'r Post ym Mangor ar ddiwedd pob nos Fercher.

Fel y gwelwyd yn barod, mi ddaeth Horizon – system Fujitsu – i fewn yn 2000, gyda Tony Blair, y Prif Wein-idog ar y pryd, yn brolio y byddai'r system hon yn gwella'r gwasanaeth i bawb, yn gwsmeriaid ac yn bostfeistri.

Ond fel gyda phob dim arall efo Mr Blair, mi ddaethon ni i weld bod yna wahaniaeth go fawr rhwng yr hyn yr oedd o'n ei ddeud yn gyhoeddus a'r hyn oedd yn digwydd go iawn.

Sawl tro y dois i i lawr ganol nos gan 'mod i'n methu cysgu, a gweld y system gyfrifiadurol ymlaen a rhyw res o ffigurau gwahanol yn ymddangos arni a'r ffigurau'n newid o flaen fy llygaid? Tydw i ddim yn *computer-savvy* o gwbwl, a rhyw feddwl o'n i ar y pryd mai ri-bŵtio oedd y system; ond y gwir amdani ydi mai'r *bugs* yn y system oedd yn gyfrifol am hyn.

A deud y gwir, mi roedd yna *warning-signals* ac anghysonderau eraill wedi dod i'r golwg erbyn hyn hefyd. Yn 2003 mi ddangosodd *audit* arall yma ein bod ni £6,000 allan ohoni. Y tro hwnnw roedd y system yn dangos bod yna £6,000 yn fwy yn y Post nag oedd yna mewn difri. Bryd hynny mi ddaethon ni i gytundeb y byddai'r Post yn talu £3,000 a finna'n talu £3,000 i glirio'r *discrepancy* hwn.

Doedd hynny ddim yn beth braf o gwbwl i orfod

ei wneud, ond eto roedd o'n rhan o 'nghytundeb i fel postfeistr bod y ffigurau'n balansio, ac felly doedd gen i ddim dewis ond derbyn yr hyn gynigiodd y Post.

Mi gawson ni *audits* llwyddiannus wedyn yn 2004 a 2005, ac mi roedd rhywun yn gobeithio bod y problemau gyda'r system wedi eu clirio. Eto fyth, erbyn diwedd 2005 roedd yna *imbalances* yn codi o hyd, a finna'n gwneud galwadau ffôn cyson i Helpline y Post yn Rotherham yng ngogledd Lloegr i ofyn am gyngor ganddyn nhw. Mae'n siŵr 'mod i wedi gwneud o leiaf ddwsin o alwadau i'r rhain yn ystod 2006, a chofnodi bob un ohonyn nhw ar y calendar oedd gen i yn y Post. Y cyngor ro'n i'n ei gael ganddyn nhw bob tro oedd, 'Roll it over to next week. The system will correct itself. Don't worry.'

Ond gan fod rhaid i'r rhain falansio'n iawn *bob* wythnos, roedd rhaid imi wneud iawn am unrhyw wahaniaeth o 'mhocad fy hun os oedd yna *discrepancy*'n codi rhwng yr arian yn y Post a'r arian roedd y system yn ei ddangos oedd yno – neu golli fy swydd.

Bu'n rhaid imi gymryd ambell fenthyciad gan y banc i gynnal hyn, gan obeithio y byddai'r system yn ei chywiro ei hun fel roedd yr Helpline yn ei ddweud wrtha i dro ar ôl tro.

O edrych yn ôl rŵan dwi'n flin efo fi fy hun 'mod i wedi derbyn eu gair nhw ac na wnes i herio'r *discrepancies* yna'n fwy rhywsut. Ond dyna ni, doedd gen i ddim syniad go iawn bod hyn yn digwydd ar sgêl gymaint mwy, felly dwi ddim yn beio gormod arnaf fy hun.

Erbyn hyn hefyd, dwi'n gweld 'mod i wedi bod i fyny yn erbyn y Frenhines ei hun ar un ystyr, sef y Royal Mail a'r holl bŵer, yr holl ddylanwad a'r holl bres oedd gan y cwmni wrth ddod ag achos yn erbyn un postfeistr bach.

SIAN:

Mi roedd hi'n anodd iawn i ni fel teulu orfod byw efo'r hyn oedd wedi digwydd i Dad, yn enwedig gan 'mod i, a phob un arall ohonom, yn gwybod ei fod o'n hollol ddieuog.

Roedd gen i gymaint o feddwl ohono, ac roedd o wastad wedi bod yn gefn i mi ar hyd y blynyddoedd. Wnes i'm ei amau fo am funud. Dwi'n gwybod 'mod i fel merch iddo yn *biased* ond go iawn rŵan, chewch chi neb mor onest a thriw â Dad.

Roedd y syniad bod Dad wedi dwyn £48,000 oddi ar y cwsmeriaid hynny roedd o'n eu nabod mor dda yn Gaerwen, ac wedi dwyn oddi ar y cwmni yr oedd o wedi gweithio iddo fo am ddeugain mlynedd jest yn hollol hurt. Er hynny, roedd rhaid inni i gyd wynebu'r cyhoedd oedd wedi cael yr holl beth wedi ei blastro ar y *media* – y teledu a'r radio, y *Daily Post* a'r papurau lleol.

Dwi 'di mynd i edrych ar yr holl *media*, a'r ffordd maen nhw'n gallu llywio barn pobol mor hawdd, mewn ffordd wahanol iawn ers hyn i gyd. Mae'r pŵer sydd ganddyn nhw yn codi braw arna i erbyn hyn.

O weld hyn, ella nad ydw i ddim yn beio pobol cymaint am droi yn erbyn Dad – ond ar y pryd mi roedd hi'n anodd iawn, iawn inni.

Mi gawson ni bobol yn curo ar y drws yn ystod y nos ac yn gweiddi pethau cas. Ges i hefyd rai yn gweiddi *abuse* arna i yn y stryd, ac un tro dyma 'na berson ro'n i'n ei nabod yn dod fyny ata i ar y stryd yma yn Gaerwen a rhoi ei hwyneb yn agos ata i a deud wrtha i'n gas i gyd, 'Cywilydd arnoch chi!' Rhaid deud bod hynny wedi fy ysgwyd i.

Mi ddaru ni golli ffrindiau, ac mi ddaru pobol eraill ymbellhau oddi wrthan ni. Roedd y flwyddyn yna, o'r adeg gafodd Dad ei arestio a'i gyhuddo i'r achos llys olaf, jest yn hunllef llwyr.

Do'n i ddim yn gallu cysgu, do'n i ddim yn byta'n iawn, ac roedd rhaid imi gymryd amser o'r gwaith. Ond eto, ro'n i'n gorfod bod yn gryf er mwyn Dad ac er mwyn gweddill y teulu hefyd.

Roedd hi'n anodd eithriadol ar Mam ddelio â'r sefyllfa yn ogystal â cheisio cysuro Dad a oedd wedi mynd i le isel iawn, yn hollol naturiol. Yn aml, ro'n i'n gorfod dod draw i Gaerwen o 'nhŷ i ym Malltraeth i drio helpu pethau a chynnal ysbryd pawb. Roedd hynny'n straen parhaus arna i am flwyddyn gyfan wrth i bawb ohonon ni drio meddwl, meddwl a meddwl be yn union oedd wedi digwydd. Lle ddiawl oedd y pres yna wedi mynd? Lle oedd y £48,000 coll? Mi wydden ni hefyd bod Dad yn arteithio ei hun yn fwy na neb ohonon ni wrth drio gweithio allan lle roedd y pres wedi mynd.

Dwn i'm faint o weithiau gawson ni sgwrs efo Dad i fynd trwy'r manylion a holi beth oeddan ni'n ei gofio. Ond i'r un casgliad y bydden ni'n dod bob tro. Yr unig ateb yr oeddan ni'n gallu dod o hyd iddo a oedd yn gwneud unrhyw sens o gwbwl oedd mai system Horizon – system IT y Post – oedd ar fai rhywsut. Rywsut, rywfodd roedd y system honno wedi camgyfri faint o arian oedd yn y Post ac roedd hynny wedyn yn gwneud i'r balans oedd yn y Post go iawn edrych yn llawer llai.

Un peth oedd gwybod hynny ein hunain, peth arall yn llwyr oedd trio esbonio hynny i bobol ar y tu allan. Roedd o jest yn rhy anodd ei esbonio rhywsut. Roeddan ni'n gorfod gobeithio a gobeithio y basa yna ryw wybodaeth newydd yn dod i'r golwg, gwybodaeth newydd a fyddai'n clirio enw Dad, ac y bydden ni fel teulu yn gallu deffro o'r hunllef uffernol yma oedd wedi dod drostan ni.

Ond roedd y dyddiau'n troi'n wythnosau a'r wythnosau'n troi'n fisoedd a dim byd yn dod i'r golwg o gwbwl.

NOEL:
Roedd y misoedd yn llusgo heibio a dim byd i'w weld yn newid o gwbwl, a rhaid imi ddeud 'mod i'n ddigon isel

f'ysbryd ar yr adeg yma. Roedd peidio gweithio yn beth diarth iawn imi, ac mi roedd colli'r patrwm hwn o fynd i'r Post bob bora a chyfarfod cwsmeriaid a chael sgwrsio efo nhw yn andros o dolc.

Dwi'n cydnabod ei bod hi wedi bod yn anodd iawn i Eira druan a gweddill y teulu orfod delio efo fi yn y cyfnod hwn. Roedd pob dim i'w weld yn f'erbyn i rhywsut.

At ei gilydd, mi roedd pobol yr ardal yn ocê efo fi yn fy wyneb, ond eto ro'n i'n teimlo nad oedd pethau fel ag yr oeddan nhw a phawb yn fy nghadw fi hyd braich mewn ffordd. Roedd hynny'n beth anodd iawn i mi sy'n mwynhau sgwrsio a thynnu coes.

Adeg lawen iawn i ni fel teulu fel arfer fyddai'r Nadolig ond doedd dim blas o gwbwl ar ddathlu Nadolig 2005 wrth i'r cwmwl du 'na fod uwch 'y mhen, a'r poen meddwl am yr hyn oedd yn ein hwynebu ni fel teulu yn 2006.

Bob wythnos mi fyddwn i'n gofyn i fy nhwrna a oedd yna rywbeth newydd wedi dod i'r golwg, ond doedd dim byd ganddo i'w adrodd mewn difri. Yr unig wybodaeth ddaeth iddo fo gan y Post oedd eu bod nhw'n dweud mai dim ond y fi oedd yn y sefyllfa hon, ac nad oedd neb arall yn y ffrâm o gwbwl. Yn y man gwelwyd bod hyn yn gelwydd noeth, wrth gwrs, gan fod yr un cyhuddiad o 'Theft' a 'False Accounting' wedi dod i ran dwsinau o is-bostfeistri eraill yn yr un cyfnod.

Ond wyddwn i ddim am hynny ar y pryd, a doedd dim smic amdano ar y cyfryngau chwaith gan mai achosion bach lleol oedd y rhain i gyd a heb ddod i sylw cenedlaethol.

Dim ond wedyn y daeth hyn yn wybodaeth gyhoeddus, ac mi aeth yr un yn ddau, yn ddyrnaid, yn ddwsinau ac wedyn yn gannoedd erbyn y diwedd. Byddai 700 o is-bostfeistri wedi wynebu'r un broblem dros y blynyddoedd oedd i ddod.

Wrth feddwl am sut y gallwn amddiffyn fy hun pan

fyddai'r achos llys go iawn yn digwydd roedd yna un peth mawr yn fy mhoeni i, a hynny oedd bod yr holl wybodaeth oedd gen i yn y Post – y dyddiadau a'r adegau yr oeddwn i wedi ffonio'r Helpline, er enghraifft – wedi cael eu clirio'n llwyr oddi yno.

Roedd yr *auditors* wedi gwneud *clean sweep* llwyr o'r Post pan ges i fy arestio ac wedi mynd â phob dim efo nhw. Pob un dim. Hyd yn oed fy stwff cyngor i. Mi gloeson nhw'r Post a'r siop wedyn. Aeth yr holl stwff oedd gan Eira yn y siop yn wast llwyr, ac roedd rhaid inni jest roi'r stwff i ffwrdd yn y diwedd, a cholli miloedd yn y broses.

Cadwyd holl fanylion y Post yn y Swyddfa Bost ym Mangor, ond sôn am roi halan ar y briw – dois i ddallt ymhen rhai misoedd bod y rhain i gyd wedi eu colli mewn tân yno! A dyna fy amddiffyniad o ran gwybodaeth am y problemau ro'n i wedi eu cael efo'r system, a'r adegau yr oeddwn i wedi fflagio'r rhain i fyny, wedi diflannu'n llwyr. Wedi mynd i fyny mewn fflamau yn llythrennol.

Anlwc llwyr oedd hyn, wrth gwrs, gan mai damwain hollol oedd y tân. Mae'n debyg bod lot o wybodaeth arall wedi cael ei cholli yn y digwyddiad ond roedd y tân wedi gwneud pethau'n llawer anoddach i mi gan na allwn ddangos cymaint o broblemau ro'n i wedi eu cael efo'r system IT. Sut allwn i amddiffyn fy hun rŵan?

Er hyn i gyd, ro'n i dal yn trio dal gafael ar ryw lygedyn o obaith ac yn deud wrtha fi fy hun y cawn fy nghyfle yn y llys i roi fy ochr i o'r stori, ac y byddai rheithgor o bobol gyffredin yn dod i benderfyniad a oeddwn i'n euog ai peidio. Mi ddaru'r gobaith yna 'nghadw i fynd trwy lawer o nosweithiau tywyll, coeliwch chi fi.

Ar y pryd, wrth gwrs, doeddwn i ddim yn gwybod am y pŵer mawr oedd gan y Swyddfa Bost na'r ffaith fod ganddyn nhw'r hawl i gynnal *prosecutions* eu hunain, hyd yn oed.

Hynny ydi, doedd y Crown Prosecution Service, y CPS, sydd fel arfer yn penderfynu a oes sail ar gyfer dod ag achosion i lys, ddim yn chwarae rhan yn yr achos hwn o gwbwl. Felly doedd dim elfen niwtral yn y sefyllfa. Roedd y Post yn erlyn un o'u staff eu hunain, o dan eu rheolau eu hunain yn llwyr. *Judge, Jury and Executioner* fel y byddai pethau'n troi allan.

O'r diwedd mi ddaeth y diwrnod mawr: yr achos terfynol yn Llys y Goron, Caernarfon ar Dachwedd 13, 2006. Erbyn hyn, roedd fy nhwrna wedi cael bargyfreithiwr i fy nghynrychioli yn y llys. Roedd yntau wedi bod yn trafod manylion yr achos 'nôl a blaen efo'r Post.

Ar y diwrnod ei hun, roeddwn i a'r teulu yn ista yn y *waiting room* yn disgwyl mynd mewn i'r llys pan ddaeth y bargyfreithiwr i fewn atan ni.

"Dan ni wedi gallu gneud *plea bargain* efo'r Post,' medda fo wrtha i. 'Mi wnawn nhw ollwng y *charge* o "Theft", os wnei di bledio'n euog i'r *charge* o "False Accounting".'

Roedden ni wedi cael ar ddeall ganddo tua wythnos ynghynt na fyddai yn rheithgor ar gyfer yr achos. Rhaid deud bod hon yn uffar o ergyd. Finna wedi bod yn dyheu ers misoedd am y cyfle i roi fy achos gerbron rheithgor a chael popeth o'n blaen ni o'r diwedd. Ond fyddai 'na ddim rheithgor, a rŵan roedd rhaid imi bledio'n euog i rywbeth nad o'n i wedi ei wneud.

Ella y bydd ambell un ohonoch chi'n holi, 'Wel, Noel, pam na fasat ti jest wedi pledio'n ddieuog a thitha heb ei wneud o?'

Mae'n gwestiwn digon teg, ond ro'n i dan goblyn o straen y bore hwnnw. Dyna lle roedd y bargyfreithiwr yn defnyddio ei holl brofiad yn y maes i ddeud wrtha i mai dyma oedd yr opsiwn gorau imi, ac roedd holl bwysau'r llys ei hun rhywsut fel tae o'n fy ngwasgu i lawr.

Mae'n rhaid i chi fod mewn sefyllfa fel hon i weld yr holl awdurdod sydd gan bobol fel bargyfreithwyr a phobol sy'n gweithio bod dydd yn y system, ac yn ei dallt hi'n llawer iawn gwell na rhywun cyffredin fatha fi.

Doedd o ddim yn nharo i fod gen i unrhyw ddewis yn

y mater go iawn. Ac felly o flaen y barnwr yn unig fyddwn i'r bore hwnnw.

O edrych yn ôl, dwi'n difaru f'enaid 'mod i wedi gwneud hynny.

Pan es i mewn i'r llys ces sioc arall. Roeddan nhw wedi newid y barnwr ar y funud olaf. Ym mhob achos yr oeddwn wedi bod ynddo hyd yn hyn yr un barnwr oedd o 'mlaen i, sef gŵr o'r enw Robert Hughes. Ond rŵan, yn yr achos pwysicaf un, roedd yna farnwr hollol newydd ar y fainc.

Cymro Cymraeg oedd o fel mae'n digwydd, Winston Roddick o Gaernarfon – gŵr a fu'n Cwnsler Cenedlaethol y Cynulliad Cenedlaethol yng Nghaerdydd rhwng 1998 a 2003.

Wrth sefyll yn y doc o'i flaen o, fe gododd 'y nghalon i wrth iddo ddweud ei fod wedi derbyn dros gant o lythyrau yn tystio i 'nghymeriad da i. Yn wir, mi ddeudodd nad oedd o erioed wedi derbyn cymaint o gardiau tebyg yn ei brofiad fel barnwr, a'i fod felly yn delio gydag achos o 'huge fall from grace' yng ngolwg y cyhoedd.

Os oeddwn i wedi gobeithio y byddai hynny am gael unrhyw effaith arno, roedd yna siom enfawr yn fy wynebu. Jest dilyn y gyfraith yn galed ddaru fo wedyn.

Gofynnodd sut oeddwn i'n pledio i'r cyhuddiad o 'False Accounting'.

'Euog,' meddwn i gan feddwl yn siŵr y byddai o leiaf cyfle i mi roi ychydig o'r hanes o'm hochr i. On'd o'n i wedi disgwyl am flwyddyn gyfan i wneud hynny? Doedd dim o hynny i ddigwydd. Dim yw dim.

'I'm giving you a sentence of nine months for false accounting,' meddai Roddick.

Sefais yno fel llo yn disgwyl iddo ychwanegu'r geiriau 'suspended for a year'.

Ond ddaeth y geiriau hynny ddim o'i enau fo o gwbwl. 'Mond edrych arna i wnaeth o a dweud yn oeraidd, 'Take him down.'

Es inna'n oer drosta i. Yn chwys oer drosta i.

Mi edrychais i fyny ar y teulu yn y *public gallery* a jest gweld y sioc llwyr ar wynebau Sian, Gwenda, Arfon ac Edwin.

Prin 'mod i wedi cael amser i feddwl hyn i gyd cyn i swyddogion y llys fy ngwthio o'r doc ac i lawr i waelod y llys.

Ro'n i wedi fy nanfon i'r jêl. Am naw mis.

SIAN:
Roeddan ni wedi bod yn disgwyl a disgwyl a disgwyl am y diwrnod mawr. Roedd Mam, Arfon, Edwin, Anti Gwenda a finnau wedi bod yn dyheu amdano fel y cyfle o'r diwedd i glirio enw Dad a dod â hunllef blwyddyn i ben.

Roeddan ni i gyd jest isio ein bywydau 'nôl. Jest isio gweld Dad yn hapus eto ac yn ôl yn gwneud yr hyn oedd yn ei wneud o'n hapus, sef serfio'r cwsmeriaid yn y Post yn Gaerwen, ac yn helpu pobol Gaerwen gorau fedra fo fel cynghorydd.

Roedd Dad wedi cario 'mlaen efo'i waith fel cynghorydd yn ystod y cyfnod hwn ond doedd hi ddim fel roedd hi o'r blaen. Llai o bobol yn ei ffonio fo, llai o bobol yn galw heibio yn gofyn am gyngor ganddo: roedd hi fel tasa pawb yn derbyn rhywsut ei fod o'n euog a ddim am ddibynnu arno rhagor. *So much for 'you are innocent until proven guilty'.* Dwi'n gwybod bod hynna wedi brifo Dad, er nad oedd o'n sôn lot am y peth.

Mae Dad yn berson preifat iawn, ac yn aml yn cadw pethau iddo fo'i hun, hyd yn oed oddi wrth Mam.

Roedd hynna'n anodd ac yn *frustrating* iawn inni i gyd a oedd jest isio'i helpu o a'i gefnogi fo cymaint ag y gallen ni, a thrio'n gorau i weld a oedd yna rywbeth arall y gallen ni ei wneud yn y cyfamser wrth i'r busnas llys hyn lusgo 'mlaen. Ond eto, ro'n i'n gorfod parchu mai dyma oedd ei ffordd o o ddelio efo'r sefyllfa.

Rhaid imi ddeud 'mod i wedi taflu fy hun i mewn i'r achos o'r dechra. Bron na fyddwn i'n deud ei fod o wedi cymryd 'y mywyd i drosodd mewn ffordd: dyna pa mor gryf oedd yr ysfa i amddiffyn Dad a chlirio'i enw fo.

Un o'r pethau y llwyddon ni i'w wneud yn y cyfnod hwn oedd cyflogi *forensic accountant* allan o'r *legal aid* roeddan ni wedi'i gael i gwffio'r achos yn erbyn Dad.

Mi fuo'r *forensic accountant* yn tyrchu yn y system gyfrifiadurol am tua thri mis, dwi'n meddwl, gan ffeindio rhyw bethau nad oedd wedi cael eu cyfrifo'n iawn, megis ambell siec. Mi lwyddodd hynny i ddod â'r swm coll i lawr o £48,000 i £43,000. Roedd hynny'n achos i godi'n calonnau ni a rhoi gobaith inni gredu ella bod mwy i ddod i'r golwg eto. Yn anffodus, mae pobol fel hyn yn gostus iawn a doedd dim modd inni fforddio ei dalu fo i wneud mwy o waith. Pwy a ŵyr, efallai y byddai o wedi gallu cael y swm oedd ar goll i lawr eto; ond chawn ni fyth wybod hynny.

Dwi'n cofio 'D-Day', diwrnod yr achos terfynol yn y Llys Sirol yng Nghaernarfon ar 13 Tachwedd, fel tasa hi'n ddoe.

Penderfynodd Mam aros adra gan na alla hi wynebu stres yr holl brofiad. Ond roedd Anti Gwenda, ei hefaill, Arfon, Edwin, Gêl a finna yno i gefnogi Dad yn y llys.

Anghofia i byth y bargyfreithiwr yn dod i mewn i'r ystafell aros a chyhoeddi ei fod o wedi cyrraedd *plea bargain* efo'r Post. Roedd fo a fi wedi cael tipyn o *to-do* yn ei siambrau fo yng Nghaer wythnos cyn yr achos wedi iddo gyhoeddi wrthan ni na fyddai yna reithgor. Ro'n i'n gegrwth o glywed hyn.

'Sgiwsiwch fi,' meddwn i, 'ydi hi'n bosib inni gael gair bach am funud?'

Aethon ni allan o'r stafell ac mi afaelais i yn *lapels* ei wisg ddu fo a'i godi o fyny ar y wal tu ôl inni.

'Ydach chi'n blydi jocian, ddyn?' gofynnais iddo yn fy nhempar. Aeth y creadur bach yn hollol wyn.

Dyma finna wedyn yn teimlo rhywun yn fy nhapio ar fy ysgwydd a deud, 'Well ti roid o lawr, Sian.' Bargyfreithiwr arall oedd yn digwydd pasio oedd yno.

'Mhen dim ces fy esgortio o'r siambrau gan ddau ddyn *security*.

O edrych yn ôl dwi'm yn falch o be wnes i, ond eto mi ro'n i wedi gwylltio cymaint o glywed na fyddai yna reithgor yn cael ista i glywed yr achos.

Mi driodd y bargyfreithiwr esbonio inni wedyn na fyddai aelodau o unrhyw reithgor yn medru deall yr achos gan ei fod o'n achos mor gymhleth, heb *precedent* cyfreithiol iddo mewn ffordd.

'Ond rydan ni wedi cael addewid o reithgor i glywed yr achos ar hyd yr amser; dyna sy wedi'n cadw ni i fynd trwy hyn i gyd!' meddwn i, cyn ychwanegu, 'A pham na fyddai aelodau o'r cyhoedd yn gallu "deall" yr achos? Ydach chi'n trio deud bod y cyhoedd yn rhy *thick* 'ta be?'

Ro'n i wir wedi fy weindio ac yn gweld sêr ar y pwynt yma a bod yn onest. Ond waeth imi heb. Roedd y system wedi penderfynu mai felly yr oedd hi i fod a doedd barn Sian Thomas o Gaerwen yn cyfri dim yn hyn i gyd.

A phan glywais i wedyn ar fore'r achos ei hun bod Dad yn gorfod pledio'n euog i 'False Accounting' hefyd, wel roedd hynny fel cadach coch i darw yn f'achos i.

'Pam mae rhaid iti bledio'n euog i rywbeth na wnest ti mono, Dad?' meddwn i wrtho. 'Pa sens sy yn hynna?'

Edrychai Dad druan mor *confused* a dan bwysau yng nghanol hyn i gyd. Roedd yn gwybod ynddo'i hun yn iawn na ddylai o dderbyn y ple o fod yn euog, ond eto roedd o dan bwysau gan y cyfreithwyr a chan y llys i gael ryw *deal* i weithio. A finna'n gacwn gwyllt ac isio ysgwyd pawb o 'nghwmpas i am yr hyn oedd yn digwydd.

Ond eto, roedd popeth wedi ei stacio yn f'erbyn i. Be allwn i fel un person bach ei wneud?

Ella 'mod i erbyn hyn, fisoedd lawr y lein, yn gallu bod ychydig yn fwy trugarog at y bargyfreithiwr a gweld be'n union oedd yn digwydd. Ond ar y pryd, y cwbwl allwn i ei wneud oedd gweddïo bod y *deal* oedd wedi ei gwneud yn mynd i weithio ac y byddai Dad yn gallu osgoi mynd i'r jêl.

A dyna ni'n dweud ffarwél wrth Dad wrth iddo fynd i mewn i'r llys a ninnau i'r *public gallery*. Feddylion ni ddim am funud mai dyna fyddai'r tro olaf y bydden ni yn ei weld o am rai wythnosau wedyn.

Ffars llwyr oedd yr achos ei hun. Cywilydd o beth. Cywilydd o system.

Ar ôl yr holl aros, a'r holl drawma inni fel teulu, dim ond rhyw bum munud y parodd y cwbwl yn y diwedd. A Nhad – er yr holl addewidion a roddwyd inni – yn cael ei ddanfon i'r jêl am naw mis.

Wna i fyth anghofio Winston Roddick yn dweud y geiriau hynny: 'Take him down.'

Roedd yna rywbeth mor greulon, mor iasol, mor derfynol am eu clywed.

A dyna ninna yn y *public gallery* yn methu gneud dim – dim byd ond edrych trwy'n dagrau ar Dad yn cael ei arwain o'r doc i lawr i waelod y llys.

Chawson ni ddim hyd yn oed mynd i ddeud ta-ta wrtho fo gan y byddai hynny yn erbyn *protocols* y llys. Mi ddaeth y bargyfreithiwr i fyny i roi côt a waled Dad inni, a bron nad oedd rhywun yn meddwl bod Dad wedi marw pan wnaeth o hynny.

A dyna ni. Roedd Dad ar ei ffordd i'r jêl a ninnau heb syniad i ble roedd o'n mynd hyd yn oed. Roedd rhaid inni wneud y daith yn ôl adra o Gaernarfon i 'nhŷ i ym Malltraeth mewn sioc llwyr. Mewn tawelwch llwyr. Yna roedd rhaid torri'r newydd i Mam – a oedd yn uffernol o anodd, coeliwch chi fi.

Mi benderfynon ni fel teulu beidio sbio ar y teledu'r noson honno a threulio'r noson jest yn trio cysuro'n gilydd gorau fedren ni. Swatio o flaen y tân efo *duvets* o'n cwmpas. A'r ffôn yn canu, canu, canu trwy'r nos yn ddi-stop tan tua dau o'r gloch y bora.

Er inni beidio sbio ar y teledu o gwbwl y noson honno, dwi wedi gweld y *footage* ers hynny. Dwi dal i gael hunllefau am y siot yna o Dad yn cael ei arwain o'r llys i'r fan Securicor mewn *handcuffs*. Ac eto, er gwaetha'r cwbwl, dwi dal mor prowd o un ffaith: mi sbiodd yn syth i'r camera heb droi ei olwg i ffwrdd o gwbwl.

Roedd o'n gwybod nad oedd ganddo ddim byd i fod â chywilydd ohono fo. Roeddan ninnau hefyd yn gwybod nad oedd ganddo fo ddim byd i fod â chywilydd ohono fo – ond doedd ganddon ni ddim syniad faint o amser fyddai hi yn ei gymryd nes y byddai'r gwir yn dod allan.

A faint y byddai'n rhaid i ni fel teulu fynd trwyddo eto cyn cyrraedd y pwynt hwnnw.

6

Carchar Walton a Kirkham

NOEL:

'Take him down.' Tri gair oer a chaled sy'n dal i beri hunllefau imi hyd heddiw, flynyddoedd lawr y lôn.

Naw mis. Dan glo.

Roedd hi'n fraw anferthol imi glywed 'mod i'n cael fy nanfon i'r jêl am naw mis, a finna 'mond wedi pledio'n euog i'r 'False Accounting' er mwyn gallu osgoi mynd i'r jêl.

Yn yr oriau hynny ar ôl yr achos yn Llys y Goron, Caernarfon ro'n i jest mewn sioc llwyr, mewn rhyw fath o *freeze mode*, gallach chi ddeud. Ro'n i'n methu coelio bod y cwbwl wedi ei wneud a'i orffen mewn dim o amser yn y llys. Faint fuon ni yno? Pump neu ddeng munud ar y mwya, a finna heb gael unrhyw gyfle i ddeud dim gair i f'amddiffyn fy hun. Yn do'n i wedi disgwyl a disgwyl a disgwyl am dros flwyddyn am y cyfle i wneud hynny? Y cwbwl wnes i mewn ffordd oedd sefyll yn y doc fel taswn i'n hollol noeth.

Yr hyn oedd yn gneud pethau cymaint gwaeth imi oedd methu rhannu sut ro'n i'n teimlo ar y pryd efo neb gan na chafodd y teulu ddod i 'ngweld i cyn imi adael y llys. Neb o gwbwl. Roedd hynny'n brifo i'r byw gan ein bod ni'n deulu mor agos. Ches i'm hyd yn oed dweud ffarwél wrthyn nhw cyn eu gadael nhw am naw mis cyfan.

Ar ben yr holl sioc, ro'n i hefyd yn wallgo bod y system wedi 'ngadael i lawr mor wael. A gadael ein teulu ni lawr mor wael hefyd. 'Chydig wyddwn i bryd hynny y byddai'r 'gadael i lawr' yma am fod yn thema gyson iawn yn fy mywyd i am flynyddoedd wedyn. Weithiau mae'n dda nad ydan ni'n gwybod be sydd o'n blaenau ni mewn bywyd.

Yn wreiddiol, ro'n i i fod i fynd i Altcourse, dyna ddeudwyd wrtha i ar y cychwyn. Roedd ambell un wedi dweud 'It's not too bad there' wrtha i gan mai math o *open prison* mwy modern sydd yn Altcourse, mae'n debyg.

Roedd hi'n daith ddiddiwedd yn fan wen Securicor o Gaernarfon y diwrnod hwnnw. Mi stopiodd yma ac acw ar hyd yr arfordir i godi mwy o bobol oedd hefyd wedi cael eu danfon i'r jêl. Wrth i'r fan lenwi ar y daith roedd rhaid i bawb ohonom glosio at ein gilydd.

Yn amlwg, nid dyma'r tro cyntaf i nifer ohonyn nhw wneud y daith arbennig hon. Mi welais ambell *knowing look* yn eu plith nhw, fel tasan nhw'n gwybod yn iawn be oedd o'u blaenau – a finna'n teimlo allan ohoni'n llwyr heb obadeia beth oedd yn debyg o 'ngwynebu i ar ben y daith.

Ond pan gyrhaeddon ni ganolfan Securicor ym Mhrestatyn, ces ail newydd drwg y diwrnod hwnnw: doedd dim lle imi yn Altcourse wedi'r cwbwl. Roedd o'n llawn dop. Yn lle hynny, ro'n i'n cael fy nanfon i Walton yn Lerpwl.

Wyddwn i ddim ar y pryd ond roedd Walton ymhlith y jêls hyna a gwaetha ei gyflwr trwy Brydain gyfan. Roedd o'n fawr ac yn dal tua 850 o *inmates*, ond er cymaint oedd Walton roedd o wedi cael ei adael i ddirywio dros nifer o flynyddoedd heb unrhyw welliannau wedi eu gwneud iddo.

Roedd hi wedi hanner nos arnon ni'n cyrraedd Walton y noson honno, ac mi roddodd y ddau brofiad cynta ges i syniad go dda o'r hyn oedd o 'mlaen i yno. Ces *chips* oer i gychwyn wrth inni landio yna, ac er nad o'n i wedi cael unrhyw fwyd ers y bore, roedd rhain yn hollol ddi-flas a bron yn codi cyfog ar ddyn.

Ar ôl hynny roedd rhaid i mi gymryd *shower*; nid jest *shower* gyffredin, cofiwch chi, ond *shower* o flaen tri o swyddogion y jêl, a'r tri ohonyn nhw fel tasan nhw'n mwynhau gwylio'r *humiliation* hwn o'r *inmate* newydd. Dois i ddallt wedyn mai dyna'n union oedd ei bwrpas o.

Roedd y ddau brofiad fel taen nhw yn deud wrtha i o'r dechrau un: dyma sut y byddi di'n cael dy drin yn fan hyn. Fel baw. A waeth iti dderbyn hynny o'r cychwyn cyntaf, mêt.

Ar ôl hynny roedd rhaid newid i iwnifform y jêl: jympar werdd a *jeans* glas, blêr a chael rhif ganddyn nhw fel taswn i'n ddafad yn mynd am y sêl.

Yna, cael f'arwain trwy gyfres o ddrysau gwahanol a oedd yn cael eu hagor a'u cau fesul un, ac i'r gell fechan ar drydydd llawr y carchar enfawr hwn. Camu mewn yno a chyfarfod Ian, y gŵr o Birkenhead y byddwn i'n rhannu cell ag o dros y cyfnod nesaf.

Sbio o gwmpas stafell foel, gyfyng efo dau fync, a toilet trwy ddrws yn y pen pellaf. Sbio fyny wedyn, a gweld glaw mân yn dod i fewn drwy dwll yn y ffenast oedd wedi ei gosod i fyny'n uchel ar wal bella'r gell.

Mi fu'n ddiwrnod uffernol yn fy hanes i, a dyma fi wedi cyrraedd uffern ei hun. Dyna'r union beth darodd 'y meddwl i ar y pryd.

Ar ôl cael fy magu ym Mharadwys, ro'n i rŵan wedi 'nhaflu i bwll uffern am naw mis.

SIAN:
Fel ro'n i'n sôn gynnau, y peth mwya ofnadwy am yr holl brofiad yn y llys yng Nghaernarfon y diwrnod hwnnw oedd peidio cael deud ffarwél wrth Dad cyn iddo gael ei gymryd oddi arnon ni.

Roedd clywed geiriau'r barnwr yn ei ddanfon i'r carchar y bore hwnnw yn ddigon drwg, fel cyllall trwy'r galon, ond yr halan ar y briw i ni i gyd fel teulu oedd cael ein rhwystro

Yr is-bostfeistri-a-fu yn dathlu y tu allan i'r Uchel Lys yn Llundain ar ôl eu buddugoliaeth ar ddydd Gwener, Ebrill 23, 2021. Ac y mae heulwen ar y dyfarniad!

Sian, Jade, Kayden, Noel ac Eira.

Noel, Mared, Eira, Edwin, Arthur a Gêl.

Y teulu bach yn dathlu pen-blwydd priodas 50 mlynedd Mam a Dad.

Tim Moloney KC, Sian, Noel, Dr Neil Hudgell, Edwin ac Arthur ar ôl cyfarfod Lord Dyson yn Llundain.

Teulu a ffrindiau yn dathlu pen-blwydd Sian yn 50.

Y tri awdur: Noel, Sian ac Aled Gwyn Jôb.

Mared, Edwin, Noel, Eira, Sian a Gwenda yn y Cyngor Sir ar ddiwrnod pwysig iawn yn hanes y teulu.

Y Cynghorydd Dafydd Roberts, Cadeirydd y Cyngor Sir, yn rhoi cydnabyddiaeth i Noel am y cam mawr a ddioddefodd.

gan *protocols* y llys rhag hyd yn oed gweld Dad wedyn. Chawson ni ddim hyd yn oed roi hyg iddo fo cyn iddo fo fynd i ffwrdd yn y blydi fan wen yna.

Dros y blynyddoedd dwi 'di meddwl lot am yr holl ddiwrnod hwnnw, a dwi'n dod yn ôl o hyd ac o hyd at pa mor greulon, pa mor *inhumane* ydi system sy'n gallu gneud hynny i berson, a gneud hynny i'w deulu hefyd.

Yn anffodus, jest blas oedd hynny o'r hyn oedd i ddod inni i gyd.

Am bythefnos gyfan doedd ganddon ni ddim syniad lle roedd Dad. Dim syniad o gwbwl.

Dim gwybodaeth gan neb lle roedd o, na sut oedd o chwaith.

Roeddan ni'n ffonio ein twrna bob dydd ac yntau'n deud nad oedd o'n gwybod lle roedd o chwaith. Dydi o ddim yn ormod i ddeud ein bod ni'n mynd o'n coeau efo hyn. Mae'n anodd disgrifio'r teimlad a bod yn onest. Hyd yn oed heddiw, mae o'n dal i frifo.

Dwi jest yn methu coelio eu bod nhw wedi gallu gneud hyn i Dad ac i ninnau hefyd. Ar ôl yr achos chynigiodd neb o gwbwl unrhyw fath o help inni, nac unrhyw fath o gyngor o fath yn y byd. Jest cael ein gadael mewn dryswch llwyr, fel tasa'r system yn deud wrthan ni'n blaen: ''Dach chi'n gorfod cael eich cosbi rŵan hefyd.'

Artaith ar ben artaith, cosb ar ben cosb, creulondeb ar ben creulondeb inni i gyd.

Fel teulu, doeddan ni ddim yn gallu cysgu, ddim yn gallu byta, jest yn mynd yn hollol wirion efo holl stres y sefyllfa. Roedd o fel hunlla barhaus a diddiwedd – a dim deffro ohono hi chwaith. Dwn i'm sut ddaru ni ddod trwy'r cyfnod yna a deud y gwir.

Roedd hi'n bythefnos gyfan cyn i lythyr gyrraedd acw gan Dad o garchar Walton. Roedd Dad wedi sgwennu'r llythyr bron yn syth ar ôl iddo gyrraedd, ond mi roedd yna ryw strach i gychwyn efo'r carchar yn gwrthod caniatáu anfon llythyr Cymraeg. Peth gwarthus ynddo'i hun, wrth gwrs. Wedi i hynny gael ei sortio mi gyrhaeddodd y llythyr Cymraeg gwreiddiol acw.

O'r diwedd, roeddan ni'n gwybod lle roedd o. Fedra i'm deud wrthach chi cymaint o ryddhad oedd hynny inni fel teulu. Mi grion ni lot fawr o ddagrau y bore hwnnw, coeliwch chi fi, fel tasa rhyw bwysau anferthol wedi cael ei godi oddi ar ein hysgwyddau ni i gyd.

Nid yn unig yr oeddan ni wedi gorfod delio efo'r ffaith bod Dad wedi ei ddanfon i'r carchar, a gorfod wynebu pobol yn lleol ar ôl hynna i gyd, ond ar ben hynny, roeddan ni wedi bod yn y twllwch yn llwyr ynghylch lle oedd o ac, yn bwysicach, *sut* oedd o.

Yr hyn oedd yn 'y mhoeni i fwy na dim trwy'r adeg oedd sut oedd Dad am allu côpio efo'r holl brofiad. Wnes i ddim rhannu hyn efo'r teulu ar y pryd, ond mae'n rhaid imi gyfadda 'mod i wir yn poeni na fyddai Dad yn dod trwy'r profiad o fynd i garchar am naw mis a fyntau'n enaid mor bur, ac yn gymaint o ddyn teulu a'i gartref.

Roedd y syniad o rywun fel Dad mewn yn Walton yn hunllef parhaus imi ac yn boen meddwl nad oedd byth yn fy ngadael. Dyna pam bod y llythyr cyntaf yna yn rhywbeth i afael yn dynn ynddo. Dwn i'm faint o weithiau wnes i afael yn y llythyr hwnnw o Walton fel rhyw fath o *lifeline* inni i gyd, a'i ddarllen drosodd a throsodd.

Ymhen rhai dyddiau wedyn, mi gyrhaeddodd llythyr arall gan Dad. Roedd hwn yn cynnwys ffurflen 'permission to visit' binc i ni ei llenwi a'i danfon yn ôl. Roedd y llythyr yma hefyd yn deud bod Dad wedi cael ei symud i Garchar Kirkham ger Preston.

Felly dyma ddanfon y ffurflen yn ôl ar frys a threfnu ein bod ni'n cael mynd i weld Dad i Kirkham – dair wythnos wedi iddo gael ei ddanfon i'r jêl.

Roeddan ni am gael ei weld o eto! Haleliwia!

NOEL:

Uffern ar y ddaear oedd y dyddiau cynnar hynny yn y jêl yn Walton. Does dim ffordd arall i'w disgrifio nhw a bod yn gwbwl onest.

Y peth gwaethaf amdano o ddigon oedd cael fy nghloi i fyny am dair awr ar hugain y diwrnod, yn union fel taswn i'n gwningan mewn caetsh. Mae'n anodd iawn imi ddisgrifio pa mor anodd oedd hynna imi, ac o edrych yn ôl rŵan, mae'n anodd coelio sut dois i drwy'r ffasiwn beth, wir.

Dim ond awr allan o'r gell i fynd lawr tri llawr i'r *canteen* i nôl brecwast, cinio a swpar a chario'r prydau yn ôl i'w byta yn y gell.

Gan nad oedd dim byd i'w wneud drwy'r dydd, doedd dim amdani ond gorwedd ar fync wrth i lygaid rhywun gael eu tynnu at y cloc ar y wal gyferbyn a gweld hwnnw'n troi mor ara deg. Roedd y cloc ei hun fel tasa fo'n rhan o'r gosb hefyd mewn ffordd. Tic-toc, tic-toc a'r bysadd yna'n cripian yn eu blaen fel malwan, a rhywun jest isio sgrechian allan yn uchel.

A'r hel meddylia wrth gwrs. O ia, mi oedd yna hen hel meddylia yn ystod yr holl oriau hir yna yn y gell.

Am be o'n i'n feddwl yn ystod y cyfnod hwnnw? Cwestiwn da. Lle mae dechrau ateb hwnna? Jest drysfa o feddylia oedd gen i a bod yn onest, un ar ôl y llall yn ddi-stop yn fy mhen i. Dim llonydd rhagddyn nhw. Dim taw arnyn nhw.

Ro'n i'n teimlo cywilydd o fod wedi landio yn y ffasiwn le yn y lle cyntaf. Wedyn beio'n hun am dderbyn y *deal* roedd y bargyfreithiwr a'r Post wedi ei gyrraedd. Lot o hynna'n digwydd reit saff. Yna, 'Blydi hel, Noel, pam na wnest ti fwy o stŵr am yr holl broblemau ar y system IT yna?' Doedd dim taw ar y llais bach hunanfeirniadol hwnnw yn fy mhen i. Roedd lot fawr o golbio yn mynd ymlaen, coeliwch fi.

Wedyn, cyfnodau o fraw a phanic llwyr o feddwl bod

naw mis o hyn o 'mlaen i, ac ar ben hynna i gyd calon drom iawn wrth feddwl am y teulu druan adra. Er mor ddrwg oedd hi arna i yn fan yma, nhw oedd yn gorfod wynebu'r cyhoedd a chymuned gyfan ar ôl yr hyn oedd wedi digwydd. Nhw oedd yn gorfod delio efo pobol o ddydd i ddydd.

Sut oedd Eira druan am allu delio efo'r peth? Sut fasa Arfon, Edwin a Sian yn delio efo'r peth? Heb sôn am Anti Gwenda oedd hefyd yn rhan mor bwysig o'n teulu ni.

A meddwl wedyn am holl gwsmeriaid y Post yn Gaerwen, y bobol ro'n i wedi bod yn delio efo nhw bob dydd am flynyddoedd – be fyddai'n digwydd iddyn nhw rŵan, a'r Post wedi cau?

Roedd y cwbwl yn ddigon i yrru dyn i'r felan a bod yn onest, a does arna i ddim cywilydd deud 'mod i wedi bod mewn lle tywyll iawn yn y cyfnod hwn. Ro'n i'n teimlo'n isel, yn isel iawn a deud y gwir.

Methu cysgu, troi a throsi a gorfod gwrando ar y gweiddi mawr o'r celloedd eraill a phobol yn dyrnu ar eu drysau trwy'r nos. Roedd yr holl giamocs yma o 'nghwmpas i trwy oriau'r nos yn dod â'r uffern yn fyw, rywsut.

Gan 'mod i'n methu cysgu'n iawn efo hyn i gyd yn digwydd ro'n i jest yn ail-fyw popeth oedd wedi digwydd imi, a'r un cwestiwn yn dod 'nôl dro ar ôl tro ar ôl tro trwy'r holl oriau blin: 'I lle aeth y blydi pres 'na?'

Mae'n debyg mai'r unig beth alluogodd imi ddod trwyddi o gwbwl ar un ystyr oedd Ian, yr hogyn o Birkenhead, a oedd yn rhannu'r gell efo fi.

Roedd Ian yn dipyn o *jailbird* ac yn amlwg wedi hen arfer efo'r profiad o fod i mewn yn Walton. Bron nad oedd o fel rhyw ail gartref iddo. Dwi'n saff bod y profiad hwn o rannu cell efo cymeriad mor amheus wedi bod o help mawr imi hefyd. Duw a ŵyr sut fasa hi wedi bod arna i mewn cell ar fy mhen fy hun.

Cofiwch chi, doedd o ddim yn 'y nghoelio i pan fynnais i 'mod i'n ddieuog o ddwyn y £48,000. 'I would have liked to have a figure like that in my bank account too,' oedd ei ateb sarcastic. Eto i gyd, roedd Ian yn gefn mawr imi yn yr wythnos gynta hunllefus honno yn Walton.

'C'mon, soft lad, you've just got to deal with being in here. Don't let them get you down,' oedd ei gyngor i mi'n aml.

Roedd Ian yn rhywun i siarad ag o trwy'r holl oriau hir yna yn y gell; yn rhywun i wrando arno ac yn rhywun i fwydro efo fo hefyd. Rhywun, trwy'r holl sgwrsio, a oedd yn gwneud i mi am ychydig anghofio be oedd wedi digwydd imi. Roedd o'n gysylltiad imi mewn cyfnod lle roedd pob cysylltiad pwysig yn fy mywyd wedi cael ei rwygo oddi arna i.

Mi ges sawl hanesyn diddorol ganddo am ei fywyd yn ymhél efo cyffuriau ac ati yn Lerpwl. Yn rhyfedd iawn, roedd ei dad o hefyd wedi bod yn y gêm honno, ac yn amlwg yn fwy craff na'i fab gan ei fod o'n un o *kingpins* y byd cyffuriau lleol, ac wedi gallu osgoi cael ei hel i'r carchar. Doedd yr heddlu'n medru plannu dim arno fo, a fyntau'n byw mewn tŷ crand yn Southport.

Roedd clywed rhai o'i hanesion o yn agoriad llygad. Roedd o'n fyd hollol wahanol i 'myd bach tawel i yn Gaerwen, Sir Fôn, ac yn gwneud i rywun deimlo ei fod wedi landio yng nghanol byd tywyll a pherig iawn.

Ond fel dwi'n deud mi roedd Ian hefyd yn *streetwise* iawn, ac yn gallu fy rhoi i ar ben ffordd efo lot o bethau yn y jêl, a sut i allu dod trwyddi mewn ffordd.

Er mai wythnos yn unig fues i yn Walton, roedd llygaid rhywun yn cael eu hagor led y pen i be oedd yn digwydd mewn jêl mawr fel hyn. Dwi'n cofio cerdded heibio rhyw stafell fawr ar y llawr gwaelod unwaith a gweld llwyth o bethau tebyg i ffisig wedi eu pentyrru ar ben byrddau yno. Holi rhywun be oedd hynny, a hwnnw'n ateb, 'That's the methadone centre, mate,' lle roedd cannoedd o'r *inmates*, mae'n debyg, yn derbyn triniaeth am fod yn gaeth i gyffuriau.

Gallai rhywun weld pethau gwaeth yno hefyd. Lot gwaeth.

Unwaith mi welais gwffas anferth yn digwydd wrth y *pool table* oedd yn cael ei ddefnyddio yn yr awr rydd oedd gan yr *inmates*. Ro'n i ar y landing yn gwylio'r cwbwl wrth i ddwy giang fynd am yddfa ei gilydd, ac un boi'n cael ei waldio'n ulw efo *pool cue*, drosodd a throsodd a throsodd.

Dwi'n dal i gofio sŵn ofnadwy'r cwffio, a gweld gwaed ym mhobman. Mi gafodd y ddwy giang eu gwahanu gan y swyddogion yn reit sydyn ond roedd andros o olwg ar y creadur gafodd ei waldio. A bod yn onest, dwi ddim yn gwybod sut oedd o'n gallu bod yn fyw ar ôl cael y ffasiwn gweir. Ond chlywais i ddim mwy amdano wedyn naill ffordd na'r llall.

Profiad erchyll a llawn dychryn oedd gweld hynna'n digwydd o flaen llygaid rhywun, a buan y dois i i sylweddoli fod yna bobol dreisgar iawn o 'nghwmpas i yma, ac y gallai'r trais hwn dorri allan unrhyw adeg. A bod yn onest, roedd arna i ofn hynny'n ddwfn iawn trwy'r adeg fues i yn Walton. Pwy fyddai'r nesa i'w chael hi yma tybed?

Ond y peth gwaetha o ddigon oedd peidio clywed yr un dim gan y teulu yn ystod y cyfnod cynnar yma. Er nad o'n i'n gwybod ar y pryd nad oeddan nhw'n gwybod lle ro'n i, ro'n i'n jest yn gorfod derbyn na fyddai yna gysylltu yn gallu digwydd efo'r teulu ar y dechrau fel hyn.

Mi ddeudodd Ian, yr hen law yn y gell, bod y diffyg cysylltiad hwn ar y cychwyn yn beth bwriadol. Roedd yr awdurdodau isio gneud i'r *inmates* sylweddoli eu bod nhw mewn lle hollol ar wahân, hollol ddiarth rŵan. 'It's all about making sure that you know your place now, mate,' medda fo wrtha i sawl gwaith.

Mi gafodd y llythyr Cymraeg cynta ddanfonais i adra o Walton ei wrthod gan y carchar i ddechrau am nad oedd ganddyn nhw unrhyw un fasa'n gallu ei gyfieithu o. Sefyllfa warthus mewn difri: atal dyn rhag sgwennu at ei deulu yn ei famiaith. Er mor flin oeddwn i am hyn, beth allwn i ei wneud am y peth? Roedd o fel tasa fo'n ffordd arall o gosbi rhywun a dangos nad oedd rhywun yn cyfri dim yn y system.

A chan fod fy ysbryd i mor isel yn y cyfnod yma hefyd, doedd gan rywun ddim mo'r egni i feddwl cwffio yn ei erbyn. Diolch byth bod y sefyllfa wedi cael ei datrys wedyn.

Mewn sefyllfa mor anobeithiol, peth naturiol iawn i mi oedd troi at fy ffydd i 'nghynnal i. Mae ffydd wastad wedi bod yn elfen bwysig yn fy mywyd a finna fel oedolyn wedi bod yn eglwyswr selog ar hyd y blynyddoedd, er mai yn y Capal Wesla ym Malltraeth y ces i fy magu.

Gan fod popeth fel tasa fo yn f'erbyn, roedd hi'n gysur mawr imi allu troi at y Bod Mawr mewn gair o weddi bob nos, a jest trystio ynddo fo y byddai pethau'n gwella yn fy hanes i. A rhywsut neu'i gilydd, coelio y byddai'r gwir am y cwbwl yn dod i'r golwg ryw ddydd.

Mae'n rhyfedd sut mae gorffennol dyn yn gallu dod i'w gynnal o, a wna i fyth anghofio sut ddaeth yr hen adnod honno yn ôl i 'nghof yng nghanol yr holl dywyllwch: 'Os yw Duw trosom, pwy a all fod i'n herbyn?'

Ac efallai fod ambell un o'r gweddïau hyn wedi gweithio hefyd, achos ar y diwrnod olaf yn Walton, mi ddaeth yna gyfle imi gael joban yn y jêl, sef hel rhyw finiau sbwriel ar y safle. Joban ddigon di-ddim oedd hi, ond o leia roedd o'n waith, a rhywbeth i mi ei wneud yn lle treulio'r oriau hir, annioddefol hynny yn y gell.

Ond wrth gymryd y joban doeddwn i ddim wedi deall 'mod i'n torri un o *protocols* pwysig llawer o'r *inmates* yno, sef peidio helpu system y jêl mewn unrhyw ffordd. Roedd hwn yn fater yr oedd llawer ohonyn nhw'n ei gymryd o ddifri. Anghofia i fyth gerdded ar hyd y landing i fynd i gychwyn y joban, a rhai o'r *inmates* yn sefyll yno'n sgowlian arna i. Yn amlwg, roeddan nhw wedi clywed bod yna 'fradwr' yn eu plith nhw, ac mi daflodd un ohonyn nhw gachu ata i wrth imi basio.

Roedd hwnna'n brofiad anghynnes uffernol a bod yn onest.

Ar ben hynny, roedd rhywun hefyd yn cofio be ddigwyddodd i'r creadur bach hwnnw a gafodd ei waldio efo'r *pool cue*. 'Be goblyn dwi wedi'i wneud wrth gymryd y joban yma?' meddwn i wrtha fy hun. 'Ga i ddod o'r lle yma'n fyw hyd yn oed?' Er bod pob dim am y carchar yma'n afiach, roedd hwn yn waeth na'r cwbwl rhywsut.

Yn lwcus i mi, yr union noson honno mi ges wybod 'mod i'n cael fy symud i Kirkham, wrth ymyl Preston. Jêl arall, ia, ond o leiaf y sôn oedd ei fod o'n llawer gwell na'r twll yma yn Walton, ac yn bwysicach, ella byddai yno gyfle i weld y teulu.

O'r diwedd, roedd petha yn dechrau edrych i fyny imi.

SIAN:
Fel y gallwch chi ddychmygu, mi roedd yna hen edrych ymlaen am y tro cyntaf inni gael gweld Dad yn y carchar.

Wedi i'r llythyr cyntaf landio acw, a ninnau wedi llenwi'r 'Visiting Form', mi drefnwyd ein bod ni'n cael mynd i weld Dad dair wythnos union ers iddo gael ei ddanfon i'r carchar. Mynd i Kirkham oeddan ni gan ein bod wedi cael gwybod bod Dad wedi cael ei symud i fanno o Walton.

Roedd *social media* yn ei ddyddiau cynnar y pryd hynny, wrth gwrs, ond mi roeddwn i'n gallu mynd ar yr *internet* i sbio hwn i fyny. Rhyddhad mawr oedd darllen mai *open prison* oedd Kirkham lle roedd gan yr *inmates* ychydig mwy o ryddid. Hefyd roedd gan ryw goleg addysg lleol ran yn ei redeg, felly roedd hynna'n rhoi gobaith i rywun.

Erbyn hyn hefyd, roeddan ni wedi cael ambell i lythyr gan Dad o Kirkham; llythyrau byr oeddan nhw, ond o leiaf roedd yna bethau'n symud iddo fo, a fyntau'n cael gwneud pethau newydd yno.

Mi oedd y dyddiau'n llusgo wrth inni baratoi ar gyfer yr ymweliad. Roedd pob diwrnod fel tasa fo'n oes a finna'n torri 'mol i weld Dad eto. Jest isio'i weld o, gafael yn dynn amdano a deud wrtho y byddai popeth yn ocê.

Mae pob merch yn hogan ei thad wrth gwrs, ond dwi wastad wedi cael perthynas agos eithriadol efo Dad, ac ro'n i'n gweld ei golli fo'n uffernol yn y cyfnod yma. Roedd y colli yma yn fy sigo fi mewn difri.

Bore tywyll a diflas ym mis Tachwedd oedd hi pan gychwynnon ni am Kirkham. Fi, Mam ac Arfon. Pawb ohonon ni'n nerfau i gyd, a Mam yn enwedig felly. Roedd rhaid inni roi *diazepam* iddi er mwyn tawelu ei nerfau hi.

Ar ôl cyrraedd Kirkham roedd rhaid inni gael *full body search*, cyn cael ein harwain trwy ryw *maze* o goridorau i'r stafell lle roeddan ni am gael gweld Dad. Ar ôl cyrraedd yno, roeddan ni'n gorfod mynd trwy gyfres o ddrysau, a'r rheiny'n cau'n glep ar ein holau ni'n syth, rhywbeth oedd yn atgoffa rhywun o lle roedd o bob tro. Mi gawson ni'n harwain wedyn i ryw ystafell fawr ym mhen draw carchar Kirkam. Ista lawr wrth ryw fwrdd a disgwyl. Am awr a hanner.

Roedd fy stumog yn fy ngheg i, ac ro'n i'n trio 'ngorau i beidio crio. Roedd fy nwylo i'n crynu fel deilan wrth ddisgwyl a disgwyl amdano.

Profiad emosiynol iawn oedd gweld Dad yn dod trwy'r drws i'r stafell, dair wythnos wedi inni ei weld o ddiwetha yn y llys yng Nghaernafon. Ro'n i'n ei weld o wedi teneuo a golwg boenus iawn ar ei wyneb o, 'ngwas i. Roedd o'n gwisgo *hi-vis* oren a rhyw hen *jeans* glas a jympar werdd flêr.

Roedd hynny'n fy nharo fi'n chwithig yn syth. Dad mewn *jeans*!? Do'n i erioed yn fy mywyd wedi gweld Dad yn gwisgo *jeans* o'r blaen. Rywsut, roedd hynny'n arwydd clir iawn o sut roedd pethau wedi newid yn ei hanes o. Ac yn ein hanes ninna hefyd.

'Be 'di rheina ti'n wisgo, Dad?' meddwn i'n syn wrtho.

'Iwnifform newydd 'de,' medda fo'n ddistaw. Roedd yr hen hiwmor yno o hyd er gwaetha pob dim. A'r *group hug* gawson ni wedyn yn profi nad oedd dim wedi newid yn y cwlwm cariad oedd rhyngon ni.

Wedyn cael ein gwahanu eto gan fod rhaid i Dad ista mewn rhyw gadair a ninna'n ista wrth y bwrdd. Dyna Dad wedyn jest yn gofyn rhesiad o gwestiynau am y teulu a sut oedd ei wyrion, Jade, Arthur Huw a Mared. Roedd hynny'n naturiol iawn, ond hefyd yn ffordd o beidio gorfod sôn ryw lawer am ei brofiadau fo'i hun yna. 'Ond sut wyt *ti*, Dad? Dyna ydi'r cwestiwn pwysica heddiw,' medda fi wrtho sawl gwaith.

'O, dwi'n iawn sti,' medda fo ond roedd ei lygaid o'n dweud wrtha i'n glir iawn nad oedd o'n iawn mewn difri. 'O leia mae'r lle yma bach gwell na'r twll Walton yna,' medda fo wedyn.

Mi drion ni ei gael o i ddeud mwy am Walton wedyn ond roedd hi'n amlwg nad o ddim am rannu llawer efo ni. Er cystal ydi o am wneud efo pobol eraill dyn preifat iawn fuo Dad erioed, a tydi hyn ddim wedi newid o gwbwl ar hyd y blynyddoedd. Hyd heddiw, dwi'm yn meddwl ein bod ni wedi cael yr holl hanes am Walton ganddo. Mae 'na rai pethau mae o'n eu dal yn ôl oddi wrthan ni fel teulu, pethau y mae'n well ganddo eu cadw iddo fo'i hun. Eu cadw nhw yn ei feddwl ei hun. Eu cadw nhw'n saff yn fanno. Ac er mor anodd ydi hynna inni fel teulu, mae'n rhaid inni barchu ei ddymuniad o, 'ngwas i.

Dim ond awr gawson ni efo Dad y bore hwnnw, a'r amser yna jest yn fflio heibio. Cyn pen dim dyma ryw swyddog yn gweiddi 'Time's up' a dyna ni, roedd yr ymweliad drosodd.

Roedd dweud ta-ta bryd hynny hyd yn oed yn anoddach. Roeddan ni wedi cael Dad yn ôl am awr, ond rŵan dyma fo'n cael ei dynnu oddi arnon ni eto fyth, a chymaint heb ei ddweud rywsut.

Dwi'n cofio mynd o 'na'n ddagreuol iawn ac yn teimlo'n *frustrated* iawn hefyd mewn ffordd. Ches i ddim atebion i'r holl gwestiynau oedd gen i'n chwyrlïo o gwmpas yn 'y mhen i. Ninna wedyn yn dreifio adra i Gymru mewn tawelwch llwyr. Y tri ohonon ni jest yn trio prosesu yr hyn yr oeddan ni newydd ei weld a'i glywed yn y jêl, gan drio dal gafael ym mhob un gair roedd Dad wedi ei ddweud wrthan ni yn ystod yr awr honno. A gwasgu hynny fedran ni o'r ychydig eiriau hynny.

Mi fyddai'n dair wythnos arall nes y basan ni'n ei weld o eto yn Kirkham.

NOEL:
Roedd hi mor braf gweld Eira, Sian ac Arfon y diwrnod hwnnw yn Kirkham. Diwrnod emosiynol iawn i'r pedwar ohonon ni wrth reswm ac mor braf jest cael ailafael yn y cysylltiad teuluol yna sy mor bwysig imi, a chael hanes y teulu ganddyn nhw hefyd. Roedd o'n brawf bod y teulu dal cant y cant y tu ôl imi. Ar ôl yr holl gwestiynau ro'n i wedi eu gofyn i mi fy hun dros y dair wythnos ers i mi eu gweld nhw ddwytha, roedd hynna'n bwysig eithriadol imi.

Braf iawn oedd gallu rhannu efo nhw hefyd bod yna lythyrau wedi dechrau 'nghyrraedd yn Kirkham, rhywbeth a fyddai'n para ar hyd yr adeg roeddwn i yno a deud y gwir. Llythyrau oeddan nhw gan gyd-gynghorwyr fel Goronwy Parry, Gwyn Jones, Gwilym Jones a Bessie Burns, a llythyrau hefyd gan ffigurau gwleidyddol mwy cenedlaethol fel Albert Owen, Aelod Seneddol Ynys Môn ar y pryd, ac Eurig Wyn, oedd yn Aelod Seneddol Ewropeaidd ar ran Plaid Cymru. Roedd gwybod bod pobol o'r ansawdd yma yn meddwl amdana i ac yn parhau i goelio yna i er gwaetha pob dim yn hwb mawr imi.

Un peth arall oedd yn codi 'nghalon i'n fawr oedd derbyn y sgôrs ffwtbol bob wythnos gan Aled Jones, Malltraeth, hen ffrind teuluol inni. Roedd Aled yn hel rhain at ei gilydd imi bob pnawn Sadwrn, yn eu postio nhw nos Sadwrn, ac mi faswn i'n eu derbyn nhw wedyn ar ddydd Llun neu ddydd Mawrth.

Fedra i'm deud wrthach chi pa mor hapus roedd hynna'n gwneud imi deimlo, jest teimlo bod yna ryw normalrwydd yn dod 'nôl i 'mywyd i eto gan fod dilyn ffwtbol a sgôrs y ffwtbol bob pnawn Sadwrn wedi bod yn arfer gen i ers cymaint o flynyddoedd. Peth syml iawn oedd hyn, dwi'n gwybod, ond roedd o'n golygu'r byd imi. Mi fydda i wastad yn ddiolchgar i Aled am wneud hynna i mi ar hyd yr adeg fues i yn Kirkham.

Y munud y cyrhaeddais i Kirkham, ar ôl saith diwrnod yn Walton, mi wellodd pethau arna i. Hen gamp RAF oedd Kirkham, lle enfawr ar gyrion Preston, ond o'r cychwyn cynta, roedd yna rywbeth mwy agored am y lle o'i gymharu efo Walton. Yn gyntaf peth, yn Kirkham doeddwn i ddim yn cael fy nghau i fyny am dair awr ar hugain y dydd, ac roedd gen i yma fy nghell fy hun mewn *billet* oedd yn dal rhyw ugain o bobol.

Yn ail, holl bwrpas Kirkham oedd trio cael yr *inmates* yn barod ar gyfer mynd yn ôl i fywyd pob dydd ar ôl eu cyfnod mewn jêl. Roedd yma bwyslais mawr ar *rehabilitation*, a phawb jest yn cael eu trin cymaint yn well yno rhywsut.

Yn drydydd, roedd yna waith yno a oedd yn fy siwtio i lawer gwell na'r hel binia hynny fues i'n ei wneud ar ddiwedd y stint yn Walton. Mi ges y gwaith hwn 'rôl imi fynd i'r *induction* roeddan nhw'n ei baratoi ar gyfer yr *inmates* newydd. Yno, roedd yna gyfle ichi sôn am eich diddordebau a'ch profiadau ac ati. Gan 'mod i wedi sôn fod gen i ddiddordeb mewn garddio, mi ges fy ngosod i weithio ar y ffarm fawr oedd ganddyn nhw yn rhan o'r lle. Lancaster College oedd yn ei rhedeg hi.

Roedd yno aceri ac aceri o dir yn rhan o'r ffarm a thai gwydr enfawr arno hefyd. Plannu blodau fues i yn yr wythnos gyntaf. Wedyn, ces fy ngosod i gael miloedd o botiau'n barod ar gyfer dal cynnyrch y ffarm – eu golchi nhw a chael trefn arnyn nhw yno, cyn y basan nhw'n cael eu gwerthu i'r cyhoedd.

Roedd yna enw da iawn i gynnyrch y ffarm, mae'n debyg, a hwnnw wedi ennill sawl gwobr yn y Lancashire Show ar hyd y blynyddoedd. Efo'r pres o'r fenter hon, ac ambell i fenter arall fel creu seddi gardd a chenals cŵn, roedd y gwaith yn dod â dipyn o bres i fewn i'r coleg.

Mi gymrodd rhyw hen fachgan a oedd yn rhedeg y sioe yn y tŷ gwydr mawr ata i am ryw reswm, ac medda fo wrtha i yn aml yn y boreau, 'Look after them, Taff, I'll be back at lunch time.' Sôn am y rhai eraill oedd o, llawer ohonyn nhw'n fengach na fi, ac yn disgwyl imi gadw cow arnyn nhw.

Roedd sawl un o'r llafnau ifanc yma wedi eu danfon i'r jêl am *speeding offences*, a finna'n ei gweld hi'n hollol hurt bod ffasiwn gosb wedi ei rhoi iddyn nhw. Ro'n i'n gallu gneud yn o lew efo nhw, chwarae teg, er eu bod nhw'n rhai swnllyd ar y naw, ac yn dueddol o chwarae eu *ghetto blasters* yn eu cell yn y nos a chadw pawb yn effro. Yn wir, mi benderfynodd rhai ohonon ni, oedd ychydig yn hŷn, fynd i weld Governor Kirkham i ofyn tybed fasan ni'n cael ein symud i *billet* arall gwag oedd wrth ymyl. Am ei fod yn foi rhesymol iawn mi gytunodd hwnnw i'n cais ni, chwarae teg iddo. A dyna fel y symudodd y 'golden oldies' i'r *billet* arall a chael mwy o lonydd a thawelwch yn fanno, diolch i'r nefoedd.

Buan iawn y daeth rhywun i arfer efo'r *routine* newydd yn Kirkham. Ro'n i dal yn y jêl, wrth gwrs, ond o leia ro'n i'n gallu gweithio yn fan hyn a gneud rhywbeth roedd gen i ddiddordeb ynddo. Roedd hynny'n gneud lot fawr i helpu fy *mood* i'n gyffredinol. Byddai'r shifft waith yn cychwyn am 8.30 yn y bora ac yn para tan tua 4.00 yn y pnawn, ac roeddan ni'n cael tâl o £10.00 yr wythnos am ein gwaith! Byddai hwnnw'n cael ei wario yn y *tuck shop* oedd ar y camp. Bisgedi a siocled oedd hi fwya yn fy hanes i fel mae'n digwydd. Dant melys fuo gen i erioed.

Wedyn, gyda'r nos ar ôl cael swper, roedd pawb ohonom yn cerdded rownd terfynau'r camp ddwywaith, oedd tua dwy filltir i gyd. Ryw gyfle bach i stretsio'r coesau, a chael sgwrs bach cyn clwydo.

Mi gododd y cysylltiad efo Ynys Môn mewn ffordd ddiddorol pan o'n i'n newid y *laundry* un wythnos. Dyma ryw foi yn deud wrtha i fod ganddo garafán yn Nhrearddur, ac ar ôl holi amdana i a pham ro'n i yma dyma fo'n deud, 'I've heard there's quite a few of you been caught up in this business, you know.' Rywsut, mi roddodd hynny galondid imi oherwydd ar hyd yr adeg roedd y Post wedi deud wrtha i mai dim ond i mi roedd hyn wedi digwydd. Doedd dim problemau yn unlle arall, meddan nhw. Dwn i'm faint o weithiau glywes i'r geiriau yna ganddyn nhw. Ond roedd geiriau'r boi yma yn Kirkham yn cynnig awgrym imi bod yna fwy i'r stori nag oedd ar yr wyneb, ac yn rhoi gobaith imi gredu bod eraill wedi bod trwy'r un felin.

A deud y gwir, roedd cael gobaith felna fel dod o hyd i drysor aur yn Kirkham.

✳

LLYTHYRAU'R CARCHAR

7. II. 06

Number W46196
HMP Liverpool
6 Hornby Road
Walton
Liverpool

Annwyl Eira a pawb,
Dyma fi wedi gadael pawb i lawr. Dim bai ar neb ond fi fy hun. Ond rwy'n siomedig iawn am y ddedfryd yma. Mae hi'n uffarn o sioc cael fy hun yn y fath le.

Ar ôl dweud hynny, rwyf yn barod yn rhannu efo cyfaill o Birkenhead, sef Ian. Rwyf am drio mynd ar gwrs neu ddau i ddysgu am gompiwtars ... ha ha.

Cofia fi at bawb, yn enwedig Jade, Mared ac Arthur Huw.
Hefyd rwyf angen dillad a slipars, trainers, petha
molchi, cod liver oil tablets a Vitamin C.
Cofion mawr.
Cariad at bawb,
Noel
PS. Rwyf yn trio cael pass ichi ddŵad i 'ngweld i – dim
ond tri ar unwaith.

13. 11. 06

HMP Kirkham
Kirkham
Lancashire

Annwyl Eira,
Newydd da. Rwyf wedi symud i J Wing 21, hefyd wedi
cael job allan sef glanhau dipyn a gwaith garddio. Hefyd
ni fyddaf yn cael fy nghau i fyny cymaint yn fama ond yn
y nos.
Rhaid dweud fy mod yn colli pawb. Bydda yn gry a
dal dy ben i fyny. Tydw i ddim wedi lladd neb ond rwyf
wedi brifo pawb arall. Rwyf wedi gofyn am weld Citizens
Advice mewn wythnos. Post yn fy mhen i, mae'n rhaid
ei sortio fo neu fydda i yn wynebu aros yma am gyfnod
hirach.
Maen nhw yn wallgo yma am fod Liverpool ac Everton
wedi colli eto ... tydw i ddim yn cael papur tan ei fod tua
3 diwrnod oed, dim Sky yma na TV.
Uffar o Ddolig o 'mlaen i. Colli birthday 60 a colli
gweld y plant yn cael presantau.
Cariad Mawr,
Noel

17. II. 06

HMP Kirkham
Kirkham
Lancashire

Annwyl Eira,
Diolch am y llythyr. Mor falch o gael siarad ar y ffôn.
Rwyf wedi cyfarfod mab Alun Williams y Twrna, ac mae
o yn helpu lot.
   Yndw, dwi'n dal yn isal o hyd, ond mae'n lot gwell yma
na Lerpwl.
   Gobeithio cael job dydd Gwener yn yr Ardd.
   Rwyf yn edrych ymlaen i'ch gweld dydd Sul – colli
pawb yn ofnadwy.
   Cariad Mawr,
   Noel.

30. II. 06
Annwyl Eira,
Wel, dyma hi bron yn Iaf o Ragfyr a dan ni'n cyfrif yr
wythnosau.
   Wedi bod yn y clinic heddiw yn cael testio pwysau
gwaed a rhaid mynd yn ôl wythnos nesaf.
   Gobeithio cael symud i Billet i rai dros 40 oed.
Yn anffodus, mae y twrw yma gan yr hogia ifanc yn
ddiawledig ar adegau, miwsig uchel tan yn hwyr. Edrych
ymlaen at weld fy fancy ladies fory ac Arfon!
   Wedi gofyn am fwy o visiting orders erbyn mis nesaf.
   Llythyrau yn dal i ddŵad a diolch amdanyn nhw.
   Rhaid mynd rŵan i swper. Colli bwyd cartra.
   Cariad Mawr a Cariad i'r Hogia,
   Noel. Xxx

✳

LLYTHYRAU ERAILL

Annwyl Eira, Arfon, Sian,
Wel, dyna Dolig drosodd diolch byth.

Dim ond y flwyddyn newydd ar ôl. Cyfrif y diwrnodau wedyn. Gobeithio bod Jade, Arthur a Mared wedi cael eu plesio gan Santa.

Cofion Gorau,
Noel xxx

22. II. 06
Annwyl bawb,
Boredom is the worst part and I get very emotional when I receive so many letter of support. The nights are very long.

Mi rydw i'n colli pawb yn ofnadwy a'r plant.
Cariad Mawr, Noel
Sori am yr holl drafferth.

24. II. 06
Annwyl bawb,
Panic mawr yma heno, nos Wenar, un o'r hogia wedi dengid ond mae o wedi ei ddal. Wedi bod yn yr eglwys yn gwrando ar griw o Gospel Singers. Da iawn.

Rwyf wedi cael lle yn Education dydd Mawrth.
Be rydw i am wneud Duw a ŵyr. Noson wael o gysgu neithiwr. Rwyf am fynd yn ôl at y doctor.

12. 12. 06
Annwyl bawb,
Wedi cael llawer o gardiau a llythyrau eto bron bob dydd.

Tywydd yn wyllt iawn, gwynt a glaw bob dydd.
Peidiwch gyrru dim byd Dolig. Tydio ddim werth o. Mi
fydda i adra mewn dim wedyn gobeithio.

Mi rydan ni wedi cael meniw Dolig – edrych yn dda:
Brecwast: Bacon neu Cornflakes
Cinio: Twrci, Sprouts, Moron a Xmas pud
Te: Gammon, Pork Pie, Potel o ddiod
Swpar: Mince Pie neu Teisan Dolig

Rhagfyr 2006
Llythyr gan y cyn-Aelod Ewropeaidd Eurig Wyn, Waunfawr:

Dyma nodyn y dylwn fod wedi ei sgrifennu ers tro, ond
gwell hwyr na hwyrach.

Gobeithio dy fod yn dod atat dy hun bellach wedi'r
holl helbulon.

Rwy'n siŵr y byddi'n hapus o wybod fod dy gydnabod
i gyd yn meddwl y byd ohonat ti – ac yn llawn ddeall y
person egwyddorol yr wyt. Mae tystiolaeth dy gymuned
yn adrodd cyfrolau am hynny.

Cofia fi at bawb o'r teulu. Cawn gyfle i daro mater pan
ddaw'r amser eto i hyrwyddo achos y Blaid.

Pob dymuniad da.

Eurig

7

Cael dod Adra

Roedd yr amser yn Kirkham yn rhuthro heibio a finna wedi dod i ryw batrwm bach yno wrth i'r wythnosau fynd yn eu blaen. Roedd y gwaith yn cadw rhywun yn brysur ac mi ro'n wedi dod i nabod y criw oedd o 'nghwmpas i hefyd.

Ar wahân i un boi reit annifyr o Blackpool oedd i fewn am sawl peth reit ddifrifol, mi allech chi ddeud mai *petty criminals* oedd y lleill, na ddylent fod wedi cael eu danfon i'r jêl o gwbwl mewn difri. Wast o amser a wast o arian oedd hynny yn fy ngolwg i – a pherig o institiwsionaleisio'r hogiau ifanc a'u cael nhw mewn rhyw *habit* o fod yn y jêl mewn ffordd.

Beth bynnag am hynny, roedd yna lot o dynnu coes yn mynd ymlaen a phawb ohonom jest yn gorfod gwneud y gorau ohoni, rhoid ein pennau lawr a disgwyl am i'n hamser ni yno ddod i ben.

Yn ystod y cyfnod yma o ddechrau dod i arfer efo pethau mi ddaeth yna un siom fawr imi, er 'mod i'n rhyw hanner ei disgwyl hi hefyd a bod yn onest. Daeth llythyr oddi wrth Meirion Jones, cyfreithiwr Cyngor Sir Môn, i roi gwybod imi bod rhaid iddyn nhw, wedi dyfarniad y llys, fy niswyddo i fel cynghorydd. Dwi ddim yn gweld bai ar Meirion na'r Cyngor Sir gan mai jest dilyn y gyfraith oeddan nhw efo hyn. Er, yn ôl be dwi'n dallt, petawn i wedi cael dedfryd o chwe mis yn lle naw mis, mi allwn i fod wedi cadw fy lle ar y cyngor. Er hynny, rhaid imi gyfadda ei bod hi'n ergyd fawr imi pan ddoth y newydd.

Roedd bod yn gynghorydd sir dros Gaerwen wedi bod yn rhan mor bwysig o 'mywyd i ers blynyddoedd – dros bymtheg mlynedd i gyd – a gwaith y cyngor yn rhywbeth oedd yn agos iawn at 'y nghalon i. Do'n i ddim yn un o'r ceffylau blaen yno o bell ffordd, ond eto i gyd ro'n i'n teimlo 'mod i'n gneud rhyw gyfraniad, a thrio helpu pobol Gaerwen am fod mor dda yn fy fotio fi i mewn ar eu rhan nhw. A rŵan roedd hwn yn cael ei rwygo oddi arna i.

Ro'n i'n gwybod bod llythyr fel hyn yn debyg o ddod ond eto i gyd, roedd yna rywbeth terfynol iawn am yr hyn a ddudwyd: doedd dim ffordd 'nôl i mi fel cynghorydd sir. Gan 'mod i wedi dod i ryw fath o batrwm yn Kirkham roedd derbyn y llythyr hwn yn *setback* mawr imi.

Mi dreuliais i rai dyddiau wedyn efo 'mhen yn fy mhlu, a holl annhegwch yr achos yn dod 'nôl drosta i fel tonnau mawr eto. Ro'n i wedi colli fy rhyddid, colli fy enw da, colli fy swydd, a rŵan wedi colli rôl gymunedol oedd mor bwysig imi yn Gaerwen.

Ond yn lwcus i mi ar yr adeg yma, roedd y llythyrau o gefnogaeth o adra yn dal i gyrraedd a phobol hefyd yn dod i 'ngweld i yn Kirkham yn gyson. Roedd y teulu'n dod yn eu tro wrth gwrs, a ffrindiau hefyd yn gwneud y siwrnai hir i Preston. Mi ddaeth ffrind a chyd-gynghorydd, Trefor Lloyd Hughes, Caergybi, i 'ngweld i ddwywaith yn Kirkham. Ro'n i'n ddiolchgar iawn iddo fo. Roedd y gefnogaeth a'r gynhaliaeth hon yn mynd yn bell iawn i wneud iawn am yr ergyd o golli fy lle fel cynghorydd sir.

Ar ôl bod yn Kirkham am dri mis, ces wybod gan y Governor 'mod i'n mynd i gael fy rhyddhau ymhen rhai dyddiau. Dyna deimlad o ollyngdod oedd clywed hynny, a mentro dechrau meddwl am gael mynd adra at fy nheulu a 'nghymuned o'r diwedd. Eto, mae'n rhaid imi ddeud bod yna elfen o nerfusrwydd yna i hefyd.

Sut dderbyniad faswn i'n ei gael 'rôl dod adra? Be faswn i'n ei wneud a finna wedi colli fy swydd fel is-bostfeistr a cholli fy rôl fel cynghorydd sir hefyd? Sut fyddai rhywun yn cychwyn arni i drio profi 'mod i'n ddieuog o'r hyn y ces i fy nanfon i'r jêl amdano?

Roedd y cwestiynau yma'n chwyrlïo rownd fy mhen yn y dyddiau oedd yn arwain i fyny at y diwrnod mawr. Mi wyddwn yn reddfol fod gen i fynydd arall i'w ddringo wrth fynd adra.

Ond ella nad o'n i cweit wedi dallt pa mor serth fyddai'r mynydd hwnnw.

SIAN:
Roedd y diwrnod y cawson ni wybod dyddiad rhyddhau Dad o Kirkam yn ddiwrnod o ddathlu mawr yn ein teulu ni.

Doedd ganddon ni ddim syniad faint o'r naw mis y byddai'n rhaid i Dad ei serfio o'i ddedfryd, er bod ganddon ni obaith y gallai ddod allan ar ôl tua hanner y cyfnod hwnnw. Gan wybod be oeddan ni'n ei wybod am gymeriad Dad, roeddan ni'n siŵr y byddai *good behaviour* o'i blaid o wrth gael ei ryddhau'n gynt na'r naw mis yna.

O'r diwedd – ar ôl tri mis mor uffernol o anodd yn ein hanes ni – roedd Dad yn cael dod 'nôl atan ni. Roedd Mam, Edwin, Gêl, Arfon, Anti Gwenda a finnau yn ein helfen wrth feddwl am ei gael o 'nôl yn ein canol ni, a chael y teulu'n gyfan unwaith eto. A diolch i'r nefoedd, cael gneud y daith hir yna i Preston am y tro ola un!

Penderfynwyd mai Arfon a fi fyddai'n gneud y daith i nôl Dad. Gan fod Dad yn cael ei ryddhau peth cynta yn y bora, roeddan ni wedi penderfynu mynd i fyny y diwrnod cynt a threulio noson mewn gwesty yn ardal Preston. Mi aeth Arfon a finnau lawr i'r bar gyda'r nos am ddrinc bach a dyma rhywun yn gofyn inni be oeddan ni'n ei neud yn yr ardal. 'Oh, we're just going up to Scotland for a few days,' meddwn i'n syth, heb feddwl bron. Do'n i'm isio cyfadda mai mynd i nôl ein tad o'r carchar oeddan ni.

'Oh, you'll really enjoy yourselves up there. Scotland's lovely,' meddai'r boi yn ôl wrtha i. Finna jest yn gwenu arno a gweddïo na fyddai'n gofyn mwy o gwestiynau.

Dwi'n cywilyddio rŵan wrth edrych yn ôl, ond ar y pryd doedd o dal ddim yn gneud unrhyw sens i mi bod Dad yn y carchar, ac roedd gorfod cydnabod hynny wrth rywun diarth jest yn ormod i'w ofyn.

Fedra i'm dechrau disgrifio ichi sut deimlad oedd ei weld o'n dod allan o'r lle yna, ac yn dod allan hefyd yn ei ddillad ei hun, yn lle'r iwnifform ofnadwy yna roedd o'n ei wisgo bob tro yr oeddan ni wedi ei weld o ynghynt. Roedd ganddo fo hefyd fag mawr du i gario'r holl gardiau a'r llythyrau roedd o wedi'u cael gan bobol yn ystod ei gyfnod i fewn yna.

'Sut ti'n teimlo, Dad bach?' meddwn wrth afael amdano'n dynn wrth giatiau'r carchar.

'Teimlo fel taswn i'n dod 'nôl o uffern,' medda fo efo rhyw ochenaid fawr o ryddhad.

Ia, roedd hynna'n deud y cwbwl a deud y gwir – o'i ran o, ac o'n rhan ni fel teulu hefyd. Dyma ni wedyn yn anelu 'nôl am y car a dreifio'n syth am ogledd Cymru, adra i'w hen gynefin ym Malltraeth. Roeddan ni wedi trefnu bod Mam a Dad yn dod i aros efo fi am gyfnod yn fy nhŷ i ym Malltraeth.

Fel y digwyddodd hi, byddai Mam a Dad yn aros yno am flwyddyn gyfan cyn symud yn ôl i bentra Gaerwen ei hun. Ro'n i mor falch bod Dad yn cael bod 'nôl yn ei gynefin yn ystod y flwyddyn yma, yng nghanol pobol yr oedd o yn eu hadnabod mor dda, ac mewn ardal oedd mor agos at ei galon o hefyd. Roedd hyn yn bwysig oherwydd byddai'r flwyddyn oedd i ddod yn flwyddyn anodd a heriol inni i gyd – yn ariannol ac yn ymarferol – wrth inni orfod wynebu'r realiti caled o ddelio efo cyfnod wedi carchar.

Yng nghanol holl lawenydd y diwrnod hwnnw wrth ddod adra o Kirkham, doedd ganddon ni ddim syniad beth oedd o'n blaenau ni na chymaint fyddai'r *fallout* i bob un ohonon ni dros y cyfnod oedd i ddod.

Roedd Dad wedi ei ryddhau, oedd – ond roedd yna lot fawr o gadwyni o'i gwmpas o hyd. A rhai o'r rhai hynny'n gadwyni llythrennol.

NOEL:

Un o amodau cael fy rhyddhau yn gynnar o Kirkham oedd gorfod gwisgo tàg ar fy ffêr am dri mis. Ychydig feddyliais i ar y pryd cymaint o felltith fyddai'r blwmin tàg hwn 'rôl gadael y jêl. Bron nad oedd gorfod ei wisgo fo yn waeth na bod yn y jêl ei hun mewn ffordd. Mi ddaeth rhyw gwmni draw i ffitio'r tàg ar fy ffêr yr union noson y dois i adra i Malltraeth.

Pwrpas y tàg oedd gyrru signal i'r cwmni i ddangos lle ro'n i trwy'r adeg, ddydd a nos. Sôn am Big Brother myn diân i.

Fel rhan o amod gwisgo'r tàg, roedd rhaid i mi fod adra yn y tŷ cyn 7.00 bob nos. Taswn i'n torri'r amod hwnnw, trwy fod hyd yn oed funud yn hwyr, mi fyddwn i'n cael fy nanfon ar fy mhen yn ôl i'r jêl.

Roedd hynny ynddo'i hun yn chwarae ar feddwl rhywun trwy'r adeg, a rhywun yn cael hunllefau yn aml am fod yn styc yn rhywle a pheidio gallu cyrraedd adra erbyn 7.00.

Yn rhyfedd iawn, roedd 'na ryw dderyn brith yn Kirkham wedi dangos imi sut i dynnu'r tàg. 'Look, Taff, it's bloody easy. You can take it off this way and they'll have no clue about it,' medda fo. 'You'll be able to laugh at their stupid little system.'

Meddwl yn dda oedd y boi, a thrio fy helpu i gael un yn ôl ar y system, chwarae teg iddo. Ond doeddwn i ddim am gymryd y risg o drio dilyn be oedd o wedi'i ddeud wrtha i gan na faswn i'n gallu dioddef mynd 'nôl i'r jêl, ac allwn i ddim rhoi'r teulu drwy hynny chwaith. Er lles pawb roedd rhaid imi gadw at y rheolau.

Peth reit afiach oedd gwisgo'r tàg, a deud y gwir. Ro'n i'n teimlo fel taswn i wedi cael fy mrandio fel dafad gan ffarmwr. Roedd y tàg yn f'atgoffa i o hyd 'mod i dal yn perthyn i'r jêl ac mai un o'u pobol nhw oeddwn i o hyd, er cael 'y nhraed yn rhydd. Doedd dim modd osgoi'r monitro hwn ddydd na nos gan fod y tàg yn gyrru signal i dîm monitro ym Mhwllheli i ddeud ble ro'n i.

Y broblem oedd ganddon ni efo hyn o'r cychwyn oedd y ffaith bod tŷ Sian mewn rhyw bant ym Malltraeth, a'r signal ddim yn cael ei bigo i fyny weithiau. Dwn i'm faint o weithiau ddaru'r heddlu droi fyny ar stepan y drws ym Malltraeth yn mynnu gwybod lle ro'n i gan nad oedd y signal yn gweithio. Weithiau, ar amseroedd eraill, byddai'r ffôn yn canu trwy'r nos i tsiecio arna i oherwydd y diffyg signal.

Wna i byth anghofio'r heddlu un noson yn martsio i mewn i fy stafell wely i ac Eira tra oeddan ni'n cysgu, a mynnu gweld 'mod i'm gwisgo'r bali tàg. 'Take the duvet off now,' meddai'r swyddog. 'We've got to check you're still wearing the tag!'

Roedd hwnna ymhlith y profiadau mwya *humiliating* ddaeth i'm rhan i trwy'r holl helynt, dwi'n meddwl. Roedd y cwbwl bron fel rhyw fath o *psychological torture* o sbio yn ôl arno.

Ella 'mod i wedi dod allan o'r jêl, ond roedd o fel tasan nhw isio f'atgoffa fi 'mod i'n dal yno mewn difri.

Ro'n i wastad wedi bod yn gerddwr, ond ar ôl dod adra i Malltraeth mi ddaeth cerdded hyd yn oed yn bwysicach yn fy mywyd i. Y tebyg ydi mai ymateb i'r teimlad hwnnw o fod mewn carchar o hyd oedd yr awydd hwn i gerdded am filltiroedd bob dydd. Roedd o'n ffordd i glirio fy meddwl i, a hefyd yn ffordd o ryddhau'r corff wrth gerdded i Landdwyn, Coedwig Niwbwrch, Aberffraw neu Gefnau Dothan. Mynd am oriau bob dydd.

Ac i Eglwys Tal-llyn wrth ymyl Aberffraw hefyd. 'Sdim dowt mai hwn oedd fy hoff le i efo'r holl gerdded ro'n i'n neud. Mae'r ffaith fod yr eglwys ei hun gymaint allan o'r ffordd – ryw filltir o'r ffarm agosaf – yn ei wneud o yn fwy sbesial imi rhywsut.

Roedd cael mynd yno ac ista'n llonydd a myfyrio am ryw bymtheg munud i hanner awr bob tro yn saff o fod yn un o'r pethau ddaru 'nghadw i'n gall yn y cyfnod yma. Mi deimlwn bod yno bresenoldeb tawel oedd yn gwatsiad ar fy ôl i er gwaetha pob dim.

A dwi dal wrth fy modd yn cael mynd i'r eglwys fach yma ar fy mhen fy hun neu efo aelodau o'r teulu. Bob tro dwi'n mynd yno rŵan, dwi jest yn cofio'r tawelwch meddwl roddodd yr eglwys fach hon i mi yn ystod cyfnod a oedd mor ddiawledig o anodd.

Ac yn diolch amdano bob tro hefyd.

SIAN:
Doedd yr un ohonon ni wedi meddwl y byddai'r blwmin tàg yma yn gymaint o broblem wedi i Dad ddod adra; ond mi roedd o'n bla dros ein bywydau ni i gyd.

Ro'n i wedi penderfynu cadw'r ffôn ar ben rhyw wardrob yn fy stafell wely i er mwyn trio arbed tipyn ar Mam a Dad, gan fod yna gymaint o bobol yn ffonio acw trwy'r adeg. Ond mi roedd trio cysgu'n iawn bob nos bron yn amhosib, gan nad oedd hi'n ddim i'r tîm tàg yma ffonio ryw bedair, bum gwaith bob awr o'r nos.

Roedd o wedi mynd yn ffars hollol erbyn y diwedd.

Nhwtha'n ffonio ac yn gofyn, 'Where's your father? Can we speak to him, please?' A finna'n ateb ei fod o'n cysgu yn y rŵm drws nesaf, ond yn gorfod mynd i'w ddeffro er mwyn cadarnhau ei fod o adra.

Fyntau'n gorfod codi o'i gwsg jest i ddeud, 'Yes, I'm here,' a rhoid ei enw a'i ddyddiad geni iddyn nhw ac yntau'n hanner cysgu.

'Mhen dipyn ro'n i wedi dod i nabod y bobol oedd yn ffonio, ac roedd mynd trwy'r mosiwns efo nhw bob nos fel hyn am dri mis yn *ridiculous*. Y gwir ydi ei fod o'n fwy na *ridiculous* hefyd.

Mi ddeudodd y rigmarôl yma ar 'y nghwsg i ac ar gwsg Mam a Dad dros y tri mis cyfan y buodd Dad yn gwisgo'r tàg, a hyd yn oed wedi hynny hefyd. Hyd heddiw, tydi 'mhatrwm cwsg i ddim y gorau, a dwi'n amau dim bod y tri mis hurt yna efo'r tàg i gyfri am hynny o hyd.

Roedd o jest mor annheg bod y tîm yma yn ffonio bob awr o'r nos, ac er eu bod nhw'n deud mai'r diffyg signal oedd yn gwneud iddyn nhw ffonio o hyd, dwi'n amau bod system y carchar rywsut yn mynnu bod hyn yn gorfod digwydd. Fel tasan ni ddim wedi dioddef digon fel roedd hi.

Un o'r pethau eraill ro'n i'n ei weld yn *frustrating* iawn yn y cyfnod yma oedd bod Dad yn cau deud wrthan ni'n union sut roedd o'n teimlo. Typical dyn, ella; ond typical Dad hefyd. Mor breifat. Cymaint o wal ar adegau.

Doedd gen i wir ddim syniad be oedd yn mynd trwy'i feddwl o yn y cyfnod yma, a finna'n ferch iddo fo, a ninnau mor agos. Mi roedd hynny'n torri 'nghalon i.

Roedd o'n amlwg yn isel ei ysbryd am nad oedd o'n cael gneud y gwaith yr oedd o'n ei garu cymaint, na chwaith yn gallu bod yn gynghorydd, a oedd yn rhoi cymaint o foddhad iddo. I mi, roedd o fel tae o wedi colli pob pwrpas yn ei fywyd rhywsut. Yn bendant, dyn wedi torri oedd o ar ôl dod adra o'r carchar.

Bob dydd mi fyddai'n diflannu am oriau i gerdded a ninnau fel teulu yn aml iawn heb unrhyw syniad o gwbwl lle oedd o. Dwi'n cofio Edwin a finnau mewn panic mawr ryw ddiwrnod gan nad oedd o wedi dod adra ar ôl rhai oriau. Mynd allan i chwilio amdano. Fi mewn un car ac Edwin mewn car arall. Chwilio a chwilio amdano ym mhobman trwy'r ardal a dim golwg ohono fo yn nunlla. Roedd y ddau ohonon ni wedi cael braw uffernol a dod adra heb wybod be i'w wneud nesa. Ond pwy welson ni yn ista ar y wal wrth ymyl y tŷ ond Dad.

'Lle ddiawl ti wedi bod, Dad?' gofynnais i'n wyllt. 'Mae'r ddau ohonon ni wedi bod yn poeni o ddifri amdanat ti!'

'Jest allan yn cerddad 'de,' atebodd yn cŵl reit.

Er mor falch oeddwn o'i weld o, mi allwn fod wedi ei dagu fo a ninnau wedi mynd i gymaint o banic amdano. Ond mi ddaeth yna ryw les o'r digwyddiad bach hwn hefyd rhywsut. Dwi'n meddwl fod Dad wedi synhwyro'r panic oedd wedi dod drostan ni y diwrnod hwnnw, ac wedi gweld ella bod angen iddo ymateb iddo mewn rhyw ffordd, a chyfathrebu mwy efo ni hefyd. Ella.

NOEL:
Sut oeddwn i'n teimlo yn y cyfnod hwn 'rôl dod adra? Wel, a bod yn hollol onest, buan iawn y diflannodd yr *euphoria* o gael dod yn rhydd o'r jêl.

Fel soniais i gynna, roedd hi fel taswn i'n dal yn y jêl i raddau oherwydd y tàg ro'n i'n gorfod ei wisgo trwy'r adeg. Ac ar ben hynny wedyn, roeddwn i wedi gorfod dod i fyw yn nhŷ fy merch o achos be oedd wedi digwydd imi. Roedd y cywilydd efo hynna'n pwyso arna i yn drwm.

A jest rhyw ddiffyg pwrpas mawr yn fy llethu i hefyd. Doeddwn i ddim yn cael gneud y joban oedd yn golygu cymaint imi ers deuddeg mlynedd yn y Post yn Gaerwen. Roedd deffro i hynna bob dydd yn brifo. Yr un teimlad gwag yn dod drosta i bob un bora.

Ar ben hynny wedyn, ro'n i wedi colli'r rôl o fod yn gynghorydd sir a'r rôl honno o allu helpu pobol yn fy nghymuned yn Gaerwen. Mi ddeudodd hynny'n fawr arna i wrth imi ddod i sylweddoli rhan mor bwysig o 'mywyd i oedd bod yn gynghorydd.

Yn sgil hyn i gyd, doedd gen i ddim arian yn dod i mewn o gwbwl. Ro'n i'n drigain oed ac ar y clwt. Ac ar ben hynna i gyd, ro'n i wedi gorfod declario fy hun yn *bankrupt*.

Roedd unrhyw obaith o allu cael swydd arall yn f'oed i yn edrych yn amhosib.

Mi allwch ddychmygu sut oeddwn i'n teimlo. Ar ôl dipyn, mi sylwais i fod rhaid imi chwilio am help er fy lles fy hun ac er lles y teulu.

Diolch i Dr Ben a Dr Bethan yn y syrjeri teuluol yn Star, mi drefnwyd nifer o sesiynau cwnsela imi efo cwnselydd yng Nghaernarfon. Tua deuddeg sesiwn ges i i gyd os dwi'n cofio'n iawn. Hyd heddiw, dwi'n ddiolchgar iawn am yr help a ges i gan y cwnselydd – merch hyfryd iawn o Gaernarfon ei hun.

Mae'n beth od i'w ddeud, ond roedd yn haws imi arllwys fy nghalon i berson diarth nag i'r teulu agosaf. Dwi'n cofio teimlo bach yn euog am hyn a ninnau'n deulu mor agos, ond wna i fyth anghofio'r cwnselydd yn dweud wrtha i, 'Noel, 'sdim angen ichi deimlo'n euog o gwbwl am hynny. Mi fasach chi'n synnu cymaint sy'n deud hynny wrtha i ar y dechrau. Ond dyna ydi holl bwynt dod am gwnsela – gallu agor eich calon i rywun sydd y tu hwnt i'r teulu ac i rywun sy'n gallu edrych ar bethau o'r newydd ichi.'

Roedd clywed hynny yn galondid mawr imi. Yn rhoi caniatâd i mi mewn ffordd i ddatgelu pethau nad oeddwn i ddim wedi gallu mentro eu deud wrth y teulu. Roedd hi'n un arbennig o dda am wrando arna i yn mynd trwy 'mhethau, ac wedyn yn gallu cynnig ambell i bersbectif arall ar sut roedd hi, a chynnig ffordd wahanol imi feddwl am fy sefyllfa.

Mi fuon ni'n trafod y cwbwl lot dros yr wythnosau nesaf, y cywilydd, y teimladau blin, yr euogrwydd, y diflastod a'r holl ofnau a'r pryderon oedd gen i am bethau'n gyffredinol. Rhaid imi ddeud ei fod o'n brofiad *cathartic* iawn imi allu rhannu fel hyn efo'r cwnselydd.

Ar ddiwedd y deuddeg sesiwn ro'n i'n teimlo bod rhyw bwysau mawr wedi codi oddi arna i. Mi fydda i wastad yn ddiolchgar iddi am ei holl help.

Wrth gwrs, doedd dim wedi newid yn fy sefyllfa ar y tu allan. Roedd yna broblemau mawr i'w hwynebu o hyd a dim symud arnyn nhw chwaith. Ond o leia roedd y cwnsela hyn wedi cynnig llygedyn o obaith imi wrth symud ymlaen.

SIAN:
Er mor wych oedd hi i gael Dad adra efo ni eto, dim ond dechrau cyfnod o broblemau newydd oedd hynny inni mewn ffordd. Rhan fawr o'r broblem oedd y 'Proceeds of Crime Act' a ddefnyddiai'r Swyddfa Bost i fynnu pres gan Dad i dalu am ei 'drosedd' ac i ateb eu costau cyfreithiol nhw eu hunain – a oedd yn reit fawr siŵr o fod, o gofio am y bataliwn o dwrneiod oedd ganddyn nhw yn troi fyny bob tro roedd Dad yn y llys.

I ddechrau arni roedd rhaid inni dalu rhan o'r £48,000 yr oedd Dad wedi ei 'ddwyn' oddi ar y Post, a hynny yn syth bìn fwy neu lai. Tua £10,000 oedd y swm hwnnw. Doedd ganddon ni fel teulu ddim y math yma o bres ac mi benderfynais i y byddwn i'n gwerthu fy nhŷ ym Malltraeth er mwyn talu'r ddyled. Doedd Dad ddim am imi wneud hynny i ddechrau.

''Mhroblem i ydi hon,' medda fo'n aml, 'a fi ddylai ffindio ffordd o'i setlo hi. Sian, tydi hi ddim yn deg dy fod ti yn gorfod rhoid dy gartra dy hun i fyny.'

A finna'n mynnu 'nôl, 'Yli, 'ngwas i. Rhaid iti dderbyn help gan dy deulu. Be 'di pwynt teulu os na fedran ni dy helpu di ar adeg fel hyn?'

'Rôl styfnigo am 'chydig, roedd rhaid i Dad ddod dros ei falchder a gweld bod yr hyn roeddwn i yn ei gynnig yn gneud sens.

Wrth golli eu cartref ym Malltraeth, gallai Dad a Mam wedyn wneud cais i gael tŷ rhent yn ôl yn Gaerwen, a dyna ddigwyddodd ryw flwyddyn lawr y lein. Mi gawson nhw dŷ ar stad Rhos Elen yn y pentra.

Cofiwch, doedd o ddim yn benderfyniad hawdd i'w wneud gan 'mod i wedi bod yn byw yn fy nhŷ ym Malltraeth ers dros ddeg mlynedd ac yn hapus iawn yno hefyd. Ond roedd rhaid imi helpu Dad a Mam allan o'r picil mawr 'ma roeddan nhw ynddo fo.

Ro'n i wedi rhan-brynu'r tŷ oedd gen i ym Malltraeth efo Cymdeithas Tai Eryri, ac yn lwcus iawn i mi, mi lwyddais i werthu'r tŷ yn ôl iddyn nhw mewn mater o rai wythnosau. Roedd yr elw o werthiant y tŷ yn gallu mynd wedyn at ddyled y Post.

Ond yn amlwg, doedd hynny ynddo'i hun ddim am fod yn ddigon i glirio'r costau i gyd. Mi gafodd Dad gyngor wedyn gan y twrna i werthu'r cartref teuluol oedd ynghlwm wrth y Post yn Gaerwen. Unwaith eto, roedd y teulu yn gallu tynnu ynghyd i helpu Dad a Mam gan iddo allu gwerthu'r tŷ am £100,000 i fy mrawd Edwin a'i wraig Gêl.

Roedd honno'n frwydr ynddi'i hun, efo'r Post yn trio dadlau am dair blynedd wedyn bod yna *charge* ar y tŷ o hyd, ac yn mynnu bod rhaid i Edwin dalu am y *charge* hwn. Ond mi ddaliodd ei dir, a diolch byth, mi ollyngodd y Post y *charge* hwn yn y pen draw. Roedd hynny'n rhyddhad mawr inni i gyd wrth reswm.

Mi roedd y dair blynedd rhwng 2006 a 2009 yn flynyddoedd caled iawn i ni fel teulu. Blynyddoedd tyn iawn yn ariannol oherwydd gorfod talu'r Post yn ôl yn y lle cyntaf ond yn galed iawn hefyd wrth drio ffeindio rhyw rôl newydd, rhyw bwrpas newydd i Dad.

Roedd o yn ei chwedegau, a phob dim roedd o wedi gweithio amdano ar hyd ei fywyd wedi ei dynnu oddi arno. Fel y soniais i o'r blaen, roedd o wir yn ddyn wedi torri ar ôl ei brofiadau yn y carchar. Doedd o ddim yr un dyn o gwbwl ac roedd o fel tasa fo wedi colli gobaith yn y syniad o brofi ei fod yn ddieuog.

Wrth weld Dad yn rhoi'r ffidil yn y to fel hyn, roedd rhaid i rywun gamu i fyny ar ran y teulu. Ac am ryw reswm, disgynnodd y dasg honno ar fy sgwyddau i. Dwi wastad wedi bod yn berson reit benderfynol, ac mi ro'n i'n benderfynol 'mod i rywsut neu'i gilydd am glirio enw Dad. Doedd gen i ddim syniad o gwbwl sut y byddwn yn gallu gwneud hynny. Dim profiad. Dim contacts. Dim byd – ond mi ddechreuais i ymchwilio i bethau ar y we. A dyna i chi lôn hir a throellog ydi'r lôn honno wedi bod ar hyd y blynyddoedd.

NOEL:
Roedd y pwysau ariannol arna i a'r teulu yn annioddefol yn y blynyddoedd cynnar 'rôl dod adra o'r jêl. Roedd saga gwerthu tŷ Sian, ac Edwin yn prynu'r hen bost, yn ddigon *stressful* ynddyn nhw eu hunain.

Ond ar ben hynny wedyn, roedd y Post isio cymryd 'y mhensiwn oddi arna i fel cosb ychwanegol am beth oedd wedi digwydd. Cymryd cyfraniadau dros 42 o flynyddoedd oddi arna i! Mae hynna'n dangos jest cymaint o fwystfil dideimlad oedd y Post mewn difri. Roedd y gosb a'r cosbi jest yn mynd ymlaen ac ymlaen a dim sôn bod hwn am ddod i ben chwaith. Roedd hi fel tasai'r Post a oedd wedi bod yn gyflogwr imi am gymaint o amser yn cael rhyw ias o gicio dyn a fyntau ar y llawr.

A finna heb gyflog yn dod i fewn o gwbwl, roedd y syniad o golli 'mhensiwn hefyd jest yn fwy o halan ar y briw. Sut oedd disgwyl imi fyw?

Rhaid mi gyfadda, roedd fy ysbryd i yn isel iawn yn ystod y cyfnod hwn, ac mi roedd hi'n anodd iawn i Eira druan orfod delio efo fi o ddydd i ddydd. A'r un mor anodd i bawb arall yn y teulu hefyd, siŵr gen i.

Oeddan, mi roeddan ni wedi cael dod 'nôl i Gaerwen ac wedi cael tŷ rhent yng nghanol y pentra, ond roedd yna gymaint o gysgodion eraill yn hongian uwch 'y mhen i trwy'r adeg. Roedd hi'n union fel tasa *sentence* y llys hwnnw yng Nghaernarfon yn dal i sefyll a finna'n dal â 'nhraed yn sownd mewn cymaint o ffyrdd.

Diolch i Dduw, mi ddaeth yna ryw lygedyn o oleuni wedi imi drefnu i weld y barnwr (a'r sylwebydd pêl-droed) Nic Parry yn yr Wyddgrug, fel rhan o ryw gyfarfod efo'r Swyddfa Bost ar y mater.

'Ers faint wyt ti wedi gweithio i'r rhain, Noel?' holodd o yn ystod y cyfarfod.

'Pedwar deg dau o flynyddoedd,' atebais innau.

'Reit, gad o efo fi, Noel. Mi wna i sortio hwn iti,' meddai Nic ar ei ben. A diolch i'r nefoedd, mi lwyddodd Nic Parry i sicrhau nad oedd y Post yn cael ei fachau budron ar fy mhensiwn i.

Yng nghanol cyfnod reit ddu ac anobeithiol roedd hwnna'n cynnig lifeline pwysig iawn imi, a dwi'n ddyledus iawn i Nic Parry am yr hyn wnaeth o drosta i y diwrnod hwnnw.

Er yr holl ddüwch o 'nghwmpas i, doeddwn i ddim wedi gollwng gafael ar fy ffydd a doedd Duw heb ollwng gafael arna i ychwaith. Ac er bod ambell un wedi gwneud pethau'n anodd wrth imi fynd 'nôl i'r eglwys bob Sul wedi i mi symud 'nôl i fyw i Gaerwen, roedd y rhan fwya o'r addolwyr yn falch iawn o 'ngweld yno.

Fel y digwyddodd hi, ar yr union adeg yr es i 'nôl i fyw i Gaerwen, roedd yna reithor newydd wedi dod i'r eglwys yno, sef Emlyn Cadwaladr Williams. Hogyn o ochra Pentraeth ydi Emlyn, ac mae'n rhaid imi ddeud ei fod o wedi bod yn gefn mawr imi o'r cychwyn. Mae rhyw gadernid yn perthyn iddo fel person a'i draed ar y ddaear bob amser, ac mi rydw i wedi cael lot fawr o gysur a chymorth o'i waith bugeiliol o ar hyd y blynyddoedd.

Dwi'n licio steil Emlyn o bregethu hefyd; mae'n sefyll yn ein canol ni fel addolwyr yn lle pregethu o'r pulpud ac yn siarad efo ni yn lle siarad atan ni mewn ffordd. Mae ei negeseuon o wastad yn fyr ac yn bwrpasol, byth mwy na rhyw ddeng munud a phob un yn cynnwys stori fachog sy'n cadw eich sylw chi bob tro. Dwi'n siŵr y basa yna well llewyrch ar lawer o'n heglwysi ni yn Sir Fôn tasa mwy yn dilyn steil Emlyn.

Roedd yr wythnosau a'r misoedd a'r blynyddoedd yn cropian heibio, a'r sefyllfa o ran gwaith yn dal i edrych yn reit anobeithiol imi. Byw ar y dôl o'n i yn y cyfnod yma, ac yn gorfod mynd i'r swyddfa yn Llangefni bob pythefnos i fynd trwy'r mosiwns o chwilio am waith. Wrth gwrs, a finna yn fy chwedegau cynnar, doedd dim llawer o bethau'n mynd o gwbwl o ran cyfleon. A bod yn onest, doedd fy mhen i na 'nghalon i ddim yn y lle iawn i feddwl am weithio yn ystod y dair blynedd gyntaf 'rôl dod adra o'r jêl.

Dwi'n gallu gweld erbyn hyn sut oedd fy mhersonoliaeth i wedi newid yn llwyr ar ôl y profiad ges i. Trois o fod yn berson llawen, llawn bywyd, yn mwynhau pob dydd, i fod yn berson digalon iawn, yn gweld pob dim yn ymdrech, heb fynadd gen i efo'r pethau hynny yr o'n i'n arfer eu mwynhau cymaint.

'Ond mi rwyt ti adra rŵan, Noel, efo dy deulu ac yn ôl yn dy gymuned,' fyddai rhai o fy ffrindiau yn ei ddeud wrtha i yn aml.

'Ydw, mae hynna'n berffaith wir, a diolch am hynny,' oedd fy ateb onest, ond doedd pobol ddim cweit yn dallt cymaint o gysgod roedd y profiad o fod yn y jêl wedi'i daflu drosta i, a'r cysgod hwnnw'n dal i fy nilyn i o gwmpas bob dydd, lle bynnag fyddwn i'n mynd.

Fasa'r cysgod 'ma byth yn fy ngadael? Dyna'r ofn mawr oedd yn fy nghadw i'n effro yn aml yn ystod y nos. Y syniad 'mod i wedi fy mrandio am oes fel drwgweithredwr ac na fyddai hynny byth yn newid.

Byddai Eira'n deud 'mod i'n deffro'n aml yn y nos yn chwys drosta i ac yn gweiddi, 'Help! Help!'

Hunllefau yn y nos a bywyd yn hunllef yn ystod y dydd. Dyna oedd hi yn fy hanes i yn ystod y cyfnod hwn wedi dod o'r jêl.

Er yr holl gefnogaeth ro'n i'n ei chael gan fy nheulu,

y cwnsela, y cerdded, setlo rhai o'r problemau ariannol mwya, roedd hi'n anodd imi weld bod yna unrhyw symud ymlaen yn digwydd mewn difri.

Roeddwn i'n sownd mewn lle go dywyll, a dim argoel 'mod i am allu codi fy hun allan o'r lle tywyll yma chwaith.

Doedd dim byd ar y cyfryngau yn genedlaethol nac yn lleol yn cynnig unrhyw obaith imi bod unrhyw beth am newid o ran busnas y Post.

Fedra i'm dechrau disgrifio pa mor *frustrating* a digalon oedd hyn i gyd ar y pryd, yn enwedig gan 'mod i'n gwybod ym mêr fy esgyrn nad oeddwn i wedi dwyn yr un geiniog goch oddi ar y Post. Bron nad o'n i wedi dod i gredu y byddwn i'n mynd i fy medd yn gwybod hynny – ond heb allu profi hynny i neb arall ond fi fy hun.

Mewn difri calon, sut gallwn i brofi hynny a'r holl dystiolaeth oedd gen i yn y Post i brofi 'mod i'n ddieuog wedi mynd yn wenfflam yn y tân hwnnw yn y Post ym Mangor? A dim sôn o gwbwl yn unlle bod yna unrhyw is-bostfeistr arall yn y wlad wedi cael ei ddal yn yr un sefyllfa.

Ro'n i wedi mynd i gredu 'mod i ar fy mhen fy hun yn fy mhicil. Roedd hwnnw'n lle unig uffernol, coeliwch chi fi.

Ychydig a wyddwn i bryd hynny yng nghanol fy nüwch y byddai 2008 am newid popeth i mi a'r teulu, ac y byddai tri digwyddiad yn ystod y flwyddyn honno yn cynnig gobaith bod yna dystiolaeth allan yno – tystiolaeth a allai fy nghodi o'r pwll du ro'n i ynddo.

8

Y Rhod yn Dechrau Troi

*Yn y bennod hon, byddwn yn parhau i adrodd yr hanes o
bersbectif Noel a Sian am yn ail, ond byddwn hefyd yn crynhoi
peth o'r ffeithiau cyfreithiol a gwleidyddol a ddaeth i'r amlwg
dros y cyfnod nesaf trwy gyfrwng trydydd llais.*

NOEL:
Roedd 2008 yn flwyddyn fawr. Yn flwyddyn fawr iawn i mi
a'r teulu.

Dyma'r flwyddyn y daeth mymryn o oleuni i'r darlun
o'r diwedd wedi tair blynedd o dywyllwch llwyr a bod yn
onest. Tri chynnig i Gymro, meddan nhw; dyna yn bendant
welais i yn digwydd yn y flwyddyn hon. Mi ddigwyddodd
tri pheth yn agos iawn i'w gilydd dros rai wythnosau ym
mis Mai fel tasa darnau'r jig-so i gyd yn disgyn i'w lle ar
unwaith.

Y peth cynta i ddigwydd oedd bod Sion Tecwyn,
gohebydd efo'r BBC, wedi galw i 'ngweld i yn y tŷ yn Rhos
Elen, Gaerwen. Ro'n i wedi dod i adnabod Sion yn reit
dda dros y blynyddoedd gan y bydda fo'n fy ffonio fi'n
rheolaidd i gael rhyw syniad o sut oedd pethau'n mynd tua
Cyngor Môn, yn enwedig yn ystod y cyfnod pan oedd hi'n
gymaint o draed moch yno. Beth bynnag, nid materion
Cyngor Môn oedd ganddo fo'r tro hwn ond rhywbeth lot
pwysicach. Newyddion fyddai'n dechrau agor drws cell y
jêl hwnnw yr o'n i'n dal ynddo fo ar y pryd.

Er 'mod i wedi gadael y jêl yn 2006 ro'n i'n dal yno yn fy mhen fy hun; yn hollol styc yno a deud y gwir. Ond roedd hynny yn mynd i ddechrau newid o'r bore hwnnw ymlaen.

Wedi bod yn dilyn stori am Gwmni Cig Halal oedd Sion y bore hwnnw, gan alw heibio i 'ngweld i ar ei ffordd yn ôl i Fangor.

'Noel,' medda fo wrth y drws, 'mae 'na stori yn mynd o gwmpas y stafell newyddion ym Mangor am *Computer Weekly*.'

'Be 'di hwnnw?' holais i. Doedd gen i ddim syniad am be oedd o'n sôn.

'Cylchgrawn IT ydi *Computer Weekly*,' atebodd Sion. 'Dwi ddim wedi sbio fewn iddo fo'n iawn ond y sôn yn y swyddfa ydi bod *Computer Weekly* wedi ffeindio rhyw bethau allan am system IT Horizon.' Yna ychwanegodd, 'Mi alla hwn newid popeth ichi, Noel.'

Ddeudwyd dim mwy bryd hynny, ond roedd clywed hynna gan Sion y bore hwnnw yn hwb mawr, ac mi wnes *mental note* i edrych ar *Computer Weekly* ar y we dros y dyddiau nesaf.

Cyn imi gael cyfle i wneud hynny, mi syrthiodd ail ddarn y jig-so i'w le, oherwydd be ddoth trwy'r post ychydig ddyddiau wedyn ond llythyr gan ŵr o'r enw Roch Garrard o Hampshire. Roedd o wedi sgwennu ata i i roi gwybod bod hanes tebyg i fy hanes i wedi digwydd i is-bostfeistres yn ei bentref o yn South Warnborough, Hampshire. Cyn uwch-swyddog prawf oedd Roch Garrard, ac yn rhan o grŵp o bentrefwyr yno oedd yn ceisio cadw cefn Jo Hamilton, yr is-bostfeistres leol, wedi iddi gael ei gosod ar gyfnod prawf am 'ddwyn' arian o'i phost lleol.

'Fel pentrefwyr,' medda fo yn ei lythyr, 'mi rydan ni'n ceisio dod o hyd i wybodaeth am achosion tebyg gan ein bod ni'n credu bod rhywbeth o'i le gyda system gyfrifiadurol y Swyddfa Bost. Mae'r adroddiadau papur newydd yr ydan ni wedi eu darllen yn awgrymu eich bod chi wedi dioddef hyd yn oed yn fwy yn sgil gweithredoedd y Swydda Bost nag a wnaeth Mrs Hamilton yma.'

Newyddion anhygoel! Am y tro cyntaf, dyma fi'n clywed am achos tebyg i fy achos i. A sôn am achosion eraill hefyd.

A'r Post wedi deud wrtha i, dro ar ôl tro, mai dim ond y fi oedd yn cael ei erlyn ac mai dim ond yn y Post yn Gaerwen roedd y problemau. Felly, faint mwy o achosion oedd yna? Yn lle roeddan nhw? Oedd yna bobol eraill wedi mynd i'r jêl hefyd?

Dyna'r cwestiynau oedd yn mynd rownd a rownd yn fy mhen wrth imi ddarllen ac ailddarllen llythyr Roch Garrard y bore hwnnw. Roedd o fel manna o'r nefoedd a bod yn onest.

O fewn cwpwl o wythnosau, mi ddaeth y drydedd ran o'r jig-so i'r fei hefyd wedi i raglen *Taro Naw* gysylltu efo fi, a hynny ar ffurf y gohebwyr Anna-Marie Robinson a Bryn Jones o Fangor.

Roedd *Taro Naw* wedi clywed bod *Computer Weekly* yn ymchwilio i achosion y Post, ac roeddan nhw hefyd wedi clywed am achos Jo Hamilton a'r cysylltiad oedd wedi ei wneud efo Roch Garrard.

Ymhen ychydig wythnosau, mi roeddan nhw wedi cytuno i wneud rhifyn o *Taro Naw* am fy achos i, ac mi drefnwyd i mi a Sian fynd lawr i South Warnborough i gyfarfod efo Roch Garrard a Jo Hamilton, yr is-bostfeistres yno.

Profiad arbennig oedd cael cyfarfod y ddau ohonyn nhw, ac mi rydan ni wedi cynnal y cysylltiad efo nhw fyth ers y diwrnod hwnnw. Os dwi'n cofio'n iawn, chafodd y rhaglen ei hun mo'i dangos tan tua 2010 am ryw reswm ond pan ddoth hi allan, roedd hi wedi ei rhoid at ei gilydd yn dda iawn, chwarae teg.

Ro'n i'n hapus iawn efo hi gan ei bod hi wedi llwyddo i blannu hadau o amheuon gwirioneddol am pa mor saff oedd system Horizon, ac wedi gofyn cwestiynau am fy *con-*

viction i a phobol eraill yr un pryd. Daeth llawer o bobol leol ata i ar ôl ei gweld hi i fynegi eu cefnogaeth imi. Dwi'n cofio Sian yn deud wrtha i unwaith, 'Dad, mae 95% o bobol y cylch 'ma yn gwybod dy fod ti'n ddieuog. Dim ond pump y cant sy'n meddwl dy fod ti wedi ei wneud o, 'sti.'

Do'n i'm yn siŵr pa mor agos oedd Sian ati wrth ddeud hynny ar y pryd ond os oedd yna 95% yn meddwl 'mod i'n ddieuog, yn sicr mi wnaeth y rhaglen hon helpu llawer mwy o'r bobol yna i ddod allan a deud hynny wrtha i yn 'y ngwyneb.

Pŵer y teledu 'de?

Roedd yna ryw fomentwm pendant yn dechrau codi erbyn hyn, a finnau wedi dod i wybod am is-bostfeistri eraill, megis Lee Castleton o Bridlington, oedd wedi bod trwy'r un profiad.

Roedd o'n gyfnod llawn cyffro rhywsut a finna'n dechrau dod i wybod bod yna lot mwy i'r hanes nag yr o'n i wedi meddwl. Lot mwy. O'r diwedd mi ddechreuais i deimlo bod 'na obaith go iawn i mi gael clirio fy enw a ffeindio allan be yn union oedd wedi digwydd i'r pres yna.

Trois at Sian ac Eira un noson a deud, 'Am y tro cyntaf, dwi'n meddwl 'mod i'n mynd i ennill hon. A chael f'enw da yn ôl.'

Wrth gwrs, doedd gen i ddim syniad faint o amser oedd hyn i gyd am ei gymryd dros y blynyddoedd nesa.

SIAN:
Roedd y tri digwyddiad hynny – ymweliad Sion Tecwyn, llythyr Roch Garrard a rhaglen *Taro Naw* – fel ffeindio dŵr o'r diwedd 'rôl crwydro mewn anialwch sych am ddwy flynedd a mwy.

Rhaid imi dalu teyrnged fan hyn i Sion Tecwyn ac i Anna-Marie a Bryn Jones o *Taro Naw* am eu holl help. Roedd y tri ohonyn nhw mor broffesiynol wrth eu gwaith ond eto mor gefnogol i ni fel teulu.

Bu delio efo'r tri yma yn help mawr i mi'n bersonol gan 'mod i wedi penderfynu fynd i waelod yr holl achos yma – tasa fo'r peth olaf y byddwn i'n ei wneud.

Dwi'n siŵr y byddai Dad ei hun yn fodlon cyfadda ei fod o yn aml isio rhoi'r ffidil yn y to am fod pethau mor anodd iddo. A dwi'm yn gweld bai arno fo mewn ffordd o gofio cymaint o bwysau oedd arno fo rhwng pob dim. Ond o weld y tri digwyddiad newydd 'ma ro'n i hefyd wedi dod i weld bod angen rhywun i fatlo ar ran Dad yn hyn i gyd.

Ro'n i'n teimlo nad oedd help i'w gael gan y 'system' o gwbwl, felly, roedd rhaid i mi gymryd y gwaith arna fi fy hun. Ar ran y teulu mewn ffordd.

Roedd y cwbwl yn reit sgêri, rhaid imi ddeud; sôn am gael fy nhaflu i fewn i'r *deep end* fel maen nhw'n ei ddeud.

Doedd dim gwybodaeth am y gyfraith o gwbwl gen i, felly mi roedd hynny i gyd yn rhywbeth diarth iawn imi, ac yn rhywbeth yr oedd rhaid imi ddysgu amdano yn sydyn iawn hefyd.

Roedd gen i ychydig o gefndir gwleidyddol yn lleol, a dwi'n meddwl fod hynna wedi bod yn help wrth inni ddechrau gweld bod yna wleidyddion gwahanol yn y *mix* efo hyn i gyd.

Ar un adeg, ro'n i wedi bod yn helpu Ieuan Wyn Jones, cyn-Aelod Seneddol Ynys Môn, yn ei swyddfa yng Nghaergybi, ac wedi cael lot o brofiadau da yn fanno wrth ganfasio ac ati. Felly, ro'n i wedi dod i weld faint o *shenanigans* oedd yn mynd ymlaen yn San Steffan, a chymaint o gam roedd Cymru'n ei gael wrth gael ei rheoli ganddyn nhw, wrth gwrs. Roedd hynny'n help mewn ffordd wrth i mi daflu fy hun i fewn i'r *shenanigans* yma efo'r Swyddfa Bost.

Yn naturiol, wrth gychwyn arni doedd gen i ddim syniad be oedd natur y *shenanigans* hyn na pa mor ddyfn oeddan nhw mewn difri. Roedd o jest yn fater o fynd ar y we am oriau ar ôl gwaith a dechrau chwilio am wybodaeth – unrhyw wybodaeth – a allai fod o help i ni fel teulu.

Cofiwch, 'dan ni'n sôn am bymtheg mlynedd yn ôl pan oedd lot llai o wybodaeth ar y we na'r holl wybodaeth sydd ganddon ni ar flaenau'n bysedd erbyn hyn trwy'r ffonau symudol. Er hynny, mi ro'n i'n dod o hyd i ambell beth oedd yn cynnig ychydig o obaith inni. A hynny'n cadw rhywun i fynd rhywsut.

Roedd o'n help mawr hefyd fod ganddon ni gysylltiad efo is-bostfeistri eraill fel Lee Castleton a Jo Hamilton trwy'r gwaith wnaethon ni efo *Taro Naw*, ac yna dod i nabod rhai eraill eto ar ôl i raglen *Taro Naw* gael ei dangos yn 2010.

Wna i byth anghofio fi a Mam a Dad yn ista ac yn gafael yn nwylo'n gilydd ar y soffa wrth wylio'r rhaglen yn Rhos Elen. Gweld y llun hwnnw o'r map lle roedd is-bostfeistri wedi cael eu herlyn gan y Post – degau ar ddegau ohonyn nhw – efo clwstwr mawr yn y Midlands yn Lloegr. Trwy gais Freedom of Information y cafodd *Taro Naw* yr wybodaeth honno.

'Wow! Ylwch faint mwy o bobol sy 'di bod trwy'r un peth yn union â chdi, Dad,' medda fi gan neidio fyny o'r soffa mewn yn llawn cyffro fel 'tawn i wedi ennill y loteri.

Mi gawson ni gyswllt mwy lleol hefyd trwy ddod yn ffrindiau efo Alan Bates o Landudno, a oedd yn un o'r saith a gafodd eu henwi yn yr adroddiad hwnnw yn *Computer Weekly* ym mis Mai 2009.

Mi ddaeth y tri yma, a phobol eraill hefyd, yn ffrindiau personol inni fel teulu dros y blynyddoedd nesaf. Roeddan ni'n teimlo mor falch ac mor hapus o wybod nad oeddan ni ar ein pennau ein hunain rŵan. Roedd ganddon ni bobol eraill oedd yn gwybod yn iawn am be roeddan ni wedi mynd trwyddo fel teulu.

Roedd cael y gefnogaeth yma mor bwysig inni ar y pryd ac mae hi'n parhau yr un mor bwysig inni hyd heddiw.

SYLWEBAETH ALED:
Roedd yr erthygl honno yn *Computer Weekly* ar Fai y 9fed, 2009 yn *game changer* go iawn fel maen nhw'n ei ddeud. Ffrwyth ymchwil chwe mis gan eu gohebydd Rebecca Thomson oedd yr erthygl. Cyhoeddwyd yr erthygl er sawl bygythiad cyfreithiol yn ei herbyn dros rai misoedd gan y Swyddfa Bost.

Adroddai'r stori hanes saith is-bostfeistr yr oedden nhw wedi ymchwilio i'w hanes dros y cyfnod hwnnw: Lee Castleton, Jo Hamilton, Noel Thomas, Amar Bajaj, Alan Bates, Alan Brown a Julie Ford.

Ac er mai cyflwyniad syber a gofalus a welwyd ganddynt ar gychwyn eu stori ar wefan *Computer Weekly* – 'At least seven postmasters have come into conflict with the Post Office after the system showed losses which took them by surprise . . .' – doedd dim amheuaeth am ergyd y stori ei hun a'r wybodaeth fanwl a oedd wedi ei hel ganddynt am hanesion unigol y saith postfeistr. Cyfeiriwyd at y colledion ariannol, at golli enw da a'r poen meddwl difrifol oedd wedi dod i ran y saith ohonyn nhw a'u teuluoedd yn eu tro.

Rhoddwyd y prif sylw i Lee Castleton o Bridlington, yr is-bostfeistr cyntaf i gael ei wahardd o'i waith fel rhan o'r holl saga. Roedd Lee Castleton wedi profi'r union broblemau ag a brofodd Noel, ond wedi penderfynu herio penderfyniad y Post yn y llys. Colli'r achos fu ei hanes o yn y pen draw, gyda'r barnwr yn dweud yn y llys nad oedd unrhyw amheuaeth ganddo mai Lee Castleton ei hun, neu un o'i gyd-weithwyr, oedd yn gyfrifol am y colledion o £27,000 yn ei swyddfa bost.

Gyda Lee Castleton wedyn yn wynebu costau o £320,000 yn dilyn yr achos, bu'n rhaid iddo ddatgan ei hun yn fethdalwr ymhen dwy flynedd.

Roedd erthygl *Computer Weekly* hefyd wedi derbyn ymateb gan y Swyddfa Bost i bryderon y postfeistri: 'Horizon is an extremely robust system which operates over our entire Post Office network and successfully records millions of transactions each day. There is no evidence that points to any fault with the technology,' meddai'r Post bryd hynny.

Daeth yr erthygl i ben â'r geiriau proffwydol canlynol gan uwch-swyddog gyda Ffederasiwn y Postfeistri a oedd am aros yn ddienw ar gyfer yr erthygl: 'The problem we have here is the culture of the Post Office. It is heresy to say something can go wrong. No one can say computers cannot go wrong.'

Byddai'r blynyddoedd nesaf yn dangos pa mor agos i'w le oedd yr uwch-swyddog hwn.

NOEL:

Rhaid imi ddeud bod yr holl ddatblygiadau hyn yn stori'r Post wedi bod yn help garw imi yn feddyliol yn y cyfnod hwn. Roedd fy *mood* i cymaint gwell yn gyffredinol ac mi ro'n i'n dechrau cael blas ar fywyd eto o'r diwedd.

Roedd yr hen Noel yn dechrau dod yn ôl ac o'r diwedd yn dechrau edrych ymlaen at bethau, yn lle edrych yn ôl trwy'r adeg a meddwl pa mor annheg ac uffernol oedd popeth wedi bod yn fy hanes i.

Un arwydd amlwg o'r newid hwn yn fy ysbryd i oedd y ffaith 'mod i erbyn 2010 yn dechrau teimlo'n barod i fynd 'nôl i weithio – ar ôl tair blynedd o beidio gweithio o gwbwl. Soniodd ffrind imi, Alan Hughes, y gallai gael swydd imi fel dreifar i gwmni Yodel yn danfon parseli ac ati o gwmpas yr ardal. Dim ond imi brynu fan, mi allwn i gael y joban, felly dyna fuo.

A dyna fues i'n ei wneud o 2010 i 2014, delifro o gwmpas yr ardal a hynny mewn ffordd oedd yn debyg iawn i fy hen joban fel postmon. Roedd y rownd yn cynnwys Llanfair, Llanddaniel, Llangaffo, Llandegfan, Llansadwrn, Borth, Pentraeth a Phenmynydd.

Doedd hi ddim yn talu'n wych iawn, ond mi roedd hi'n joban ac yn rheswm i godi bob bora a chael patrwm a threfn eto ar fy nyddiau. Roedd gweld pobol a siarad efo pobol bob dydd fel rhan o fywyd gwaith eto yn rhan fawr o'r mendio imi. Roedd bod 'nôl mewn gwaith fel tasa fo hefyd yn fy helpu i ddelio efo'r mater mawr arall, sef trio clirio fy enw ar ôl fy nghyfnod yn y jêl.

Wedi'r cyffro cynnar hwnnw yn 2008, a'r tri digwyddiad mawr bryd hynny, ara deg iawn oedd pethau'n symud yn anffodus. Llawer rhy ara gen i, mae'n rhaid imi gyfadda.

Yn dilyn y cyhoeddusrwydd yn *Computer Weekly* a sylw pellach i'r achosion gan rai o bapurau Llundain, mi ddechreuodd y Swyddfa Bost ryw *mediation process* i weld a oedd modd setlo'r problemau oedd wedi codi. Rhaid imi ddeud mai wast o amser oedd y cyfarfodydd fues i ynddyn nhw; mi welais yn sydyn iawn mai *delaying tactics* llwyr gan y Post oedd y rhain. Doedd dim byd fel tasa fo'n dod o'r cyfarfodydd yma. Roedd y *delaying tactics* hyn i gael eu defnyddio dro ar ôl tro wrth i'r blynyddoedd fynd heibio.

Datblygiad mwy positif o lawer yn y cyfnod hwn oedd creu'r Justice for Subpostmasters Alliance, sef criw o bostfeistri oedd wedi cael eu heffeithio gan yr holl achosion, a hynny dan arweiniad Alan Bates o Landudno. Mae Alan wedi bod fatha teigar drostan ni i gyd fel postfeistri, ac wedi arwain o'r blaen reit o'r cychwyn.

Cafodd Alan Bates ei sacio gan y Post gan nad oedd o'n fodlon gneud iawn am y colledion oedd wedi dod i'r golwg yn ei gangen, ac am ei fod o'n gofyn cwestiynau am system Horizon reit ar y cychwyn 'nôl yn 2000. Aeth Alan ati i drefnu cyfarfod rhwng tua 30 o bostfeistri mewn tref o'r enw Kennington yn y Midlands yn 2011.

Chwarae teg, ces lifft i lawr i'r cyfarfod hwn gan Gordon, fy nghefnder, sy'n byw yn Bontnewydd. Mae Gordon yn un arall o'r teulu sy wedi aros yn driw imi ar hyd y blynyddoedd.

Roedd y cyfarfod hwn yn agoriad llygad go iawn wrth

glywed cymaint o is-bostfeistri eraill yn adrodd yr hyn oedd wedi digwydd iddyn nhw. Roedd stori wreiddiol *Computer Weekly*, a'r saith hynny y soniwyd amdanyn nhw bryd hynny, bellach wedi mynd yn stori lawer iawn mwy.

Gan fod Alan Bates wedi siarad mor dda yn y cyfarfod cyntaf hwn, mi gafodd o ei ddewis fel cadeirydd y grŵp, ac mi fuodd o'n gadeirydd effeithiol a chefnogol iawn o'r dechrau un.

Mi roedd hi'n addas iawn rhywsut mai enw Alan fyddai ar y *group litigation* y bydden ni fel postfeistri yn ei ddwyn yn erbyn y Swyddfa Bost yn yr Uchel Lys rai blynyddoedd lawr y lein yn 2019.

SIAN:
Roedd gweld Dad yn ei ôl yn gweithio eto yn brofiad cynnes iawn inni. Roedd y joban efo Yodel jest yn rhoi pwrpas iddo fo yn ei fywyd eto, ac yn ffordd o dynnu'i feddwl oddi ar yr holl broblemau eraill.

Roeddwn i, Mam, Arfon ac Edwin wir yn teimlo ein bod ni wedi cael Dad yn ôl a'i fod o – o'r diwedd – yn camu allan o'r twllwch mawr roedd o wedi bod ynddo ers cymaint o amser. Roedd cael job rhywsut fel tae o wedi deud wrtho fo: mae 'na le iti eto yn y gymuned leol, ac mae yna werth iti eto.

Dwi'n cofio deud wrtho fo 'rôl iddo fod yn y joban am rai wythnosau, 'Wow, Dad, mae hyn wedi newid pethau inni i gyd. 'Dan ni i gyd cymint hapusach fel teulu wrth dy weld ti'n gweithio eto.'

A Dad yn deud yn ôl, 'Wel ydi, mae cael peidio bod o dan eich traed chi trwy'r dydd yn y tŷ yma wedi gneud lles inni i gyd, dydi!'

Roedd yr hen hiwmor a'r hen dynnu coes oedd cymaint rhan ohono ar hyd y blynyddoedd hefyd yn dod yn ei ôl. Wrth gwrs, roedd yna ddyddiau gwael o hyd, a Dad yn cael ei dynnu'n ôl i'r hyn oedd wedi digwydd iddo. Roedd cyfnodau o ddigalonni hefyd wrth weld pethau mor ara deg yn cael eu setlo ond yn gyffredinol, roedd yna fyd o wahaniaeth i'w weld ynddo fo yn y cyfnod hwn.

Dros y blynyddoedd hyn, mi fues i'n gweithio mewn sawl lle gwahanol: A. O. Roberts Builders, Gaerwen, Ieuan Wyn Jones, A.S. ac A.G. Caergybi, Cartrefi Cymunedol Gwynedd, a Chartref Gofal Fairways. Roedd rhain i gyd yn fy nghadw'n brysur iawn yn ystod y dydd.

Dod adra, tamaid o swpar, ac wedyn mynd ar y we i ffeindio mwy o wybodaeth am be oedd yn digwydd efo'r Post. Dwi'n barod iawn i ddeud bod hyn wedi dod yn rhywbeth hollol ganolog yn 'y mywyd i. A deud y gwir, mi ddaeth yr angen i glirio enw Dad a chael cyfiawnder iddo yn fwyd ac yn ddiod imi yn y cyfnod hwn.

Ella ei bod hi'n help 'mod i'n sengl ar ôl cyfnod o fod yn briod ac felly'n gallu taflu fy hun i fewn i'r achos gorff ac enaid. Ces fy hun yn dod yn ffrindiau agos efo Lee Castleton, Alan Bates a Jo Hamilton a rhai eraill hefyd, a phawb ohonom fel rhyw deulu estynedig yn helpu'n gilydd, yn cefnogi'n gilydd ac yn calonogi'n gilydd. Roedd pawb ohonon ni'n teimlo ein bod ni ar ryw grwsâd dros gyfiawnder ac yn ymladd yn erbyn behemoth mawr y Swyddfa Bost.

Ond dros amser mi ddaethon ni i weld ein bod ni'n ymladd yn erbyn behemoth mawr arall hefyd, sef y llywodraethau San Steffan gwahanol.

Y gwir yn erbyn y byd oedd hi go iawn yn ein hanes ni.

SYLWEBAETH ALED:
Yn dilyn y cyhoeddusrwydd gan *Computer Weekly* a phap-urau eraill hefyd, roedd y stori yn dechrau dod i sylw llawer iawn mwy o bobl drwy Brydain gyfan.

Ar un ystyr roedd y flwyddyn 2012 yn drobwynt wrth i'r Swyddfa Bost atal y broses o erlyn is-bostfeistri ar sail diffygion ariannol yn eu cyfrifon, a hynny ar ôl erlyn dros

700 o is-bostfeistri trwy Brydain dros gyfnod o ddeng mlynedd.

Erbyn 2012 hefyd roedd dimensiwn gwleidyddol pendant yn dechrau dod yn rhan o'r mater; dimensiwn a oedd, mewn gwirionedd, yn barhad o broses oedd ar waith o'r cychwyn cyntaf un gan mai Llywodraeth Lafur Tony Blair yn 1998 a fynnodd bod rhaid i'r Swyddfa Bost dderbyn y system gyfrifiadurol Horizon oedd yn eiddo i Fujitsu o Siapan.

Wrth i ymchwiliad swyddogol gael ei lansio yn 2022, byddai union rôl y cyn-brif weinidog yn yr holl saga yn dod o dan y chwyddwydr eto. Erbyn 2012 hefyd, roedd busnes y Post Brenhinol wedi ei werthu i'r sector breifat gyda'r gwasanaeth Cownteri'r Post wedi ei gadw yn nwylo'r Llywodraeth, gan ddod o dan adain adran o'r enw Department for Business, Innovation and Skills – BIS. (Yn 2016 daeth BIS yn rhan o BEIS, sef Department for Business, Energy and Industrial Strategy.) Daeth yr adran honno yn ymwybodol o'r pryderon am Horizon gan i'r mater gael ei godi gan wahanol Aelodau Seneddol yn Nhŷ'r Cyffredin gan gynnwys Albert Owen, Aelod Seneddol Noel ei hun ar Ynys Môn.

Ar Awst 8, 2012 cafodd Albert Owen lythyr gan yr Aelod Seneddol Rhyddfrydol, Norman Lamb, yn rhinwedd ei swydd fel Gweinidog yr Adran hon, BIS. Cyfeiriai'r llythyr at adolygiad allanol a oedd i'w gynnal am y system Horizon. Roedd geiriau Lamb fel petaen nhw'n crynhoi holl agwedd y Swyddfa Bost ar yr adeg hon, gan awgrymu hefyd faint o bwys a fyddai'n cael ei roi ar unrhyw adolygiad allanol mewn difri:

> Post Office Ltd (POL) remains fully confident about the robustness and integrity of its Horizon system and related accounting processes. Over the past ten years, many millions of branch reconciliations have been carried out with transactions and balances

accurately recorded on Horizon by more than 25,000 different postmasters in total.

Fel rhan o'r adolygiad hwn penodwyd cwmni o gyfrif-wyr fforensig, Second Sight, i ymgymryd â'r gwaith.

Bu'r adroddiad wedyn yn destun rhaglen deledu gan *Panorama*. Gyrrwyd eu gohebydd John Sweeney i fyny i'r Gaerwen i drafod y sefyllfa gyda Noel gyda chopi o'r adroddiad yn ei law.

Roedd y llif yn dechrau troi o ddifri erbyn hyn, ac yn 2015, cynhaliwyd dadl seneddol yn San Steffan ar yr holl fater. Roedd rhai o'r cyfraniadau a wnaed gan yr Aelodau Seneddol yn y ddadl honno yn ffrwydrol a dweud y lleiaf.

Un o'r rhai mwyaf beirniadol o'r Post oedd Andrew Bridgen, yr Aelod Seneddol Ceidwadol dros Ogledd-orllewin Swydd Caerlŷr. Cyfeiriodd at sylw gan lefarydd ar ran y Swyddfa Bost yn datgan ei bod yn flin ganddynt os oedd rhai pobl wedi profi 'lifestyle problems' ar ôl gweithio mewn swyddfeydd post:

We have to wonder whether the organisation is even aware of the misery it has caused. The fact that Post Office Ltd believes that honest, decent, hard-working people losing their homes, businesses, their savings, reputation and worst of all, in some cases their liberty can be quantified as "lifestyle changes" only serves to show that the organisation is not fit to conduct an inquiry into the matter.

Andrew Bridgen oedd un o'r rhai cyntaf i alw am adolygiad barnwrol o'r system Horizon, gan ddweud nad oedd hi'n bosib ymddiried yn y Swyddfa Bost i gynnal ymchwilad a oedd yn wirioneddol onest a thryloyw. Meddai:

The management style of the senior management at the Post Office is Dickensian, and they have almost a feudal relationship with their sub-postmasters. This is now a national scandal. The Post Office has demonstrated that it is incapable of putting its own house in order, so it falls to this house and to this Government to do so for it.'

Roedd Kevan Jones, yr Aelod Llafur dros Ogledd Durham, yr un mor ddeifiol ei feirniadaeth:

The fundamental point is this: who controls the Post Office? This organisation is out of control. It has led to people's lives being ruined and as we have heard, in some cases, to people being given prison sentences when clearly they are innocent.

Ymateb llugoer iawn a gafwyd gan George Freeman, yr Is-ysgrifennydd dros Wyddorau Bywyd (Life Sciences), ar ran y Llywodraeth Geidwadol. I bob pwrpas anwybyddodd eiriau Andrew Bridgen a Kevan Jones wrth iddo ganmol y Swydda Bost i'r cymylau am eu rhaglen i fuddsoddi yn y canghennau a datblygu'r busnes ar gyfer y dyfodol.

Dyma ddangos eto pa mor amharod oedd y llywodraethau gwahanol – a oedd yn uniongyrchol gyfrifol am y Post o 2012 ymlaen – i wynebu'r broblem.

Er geiriau gwag y Post a'r Llywodraeth, roedd hi'n dechrau dod yn amlwg i lawer mwy o bobl bod rhywbeth mawr o'i le gyda system Horizon y Swyddfa Bost, a bod llawer iawn o bobl ddiniwed wedi cael cam aruthrol yn sgil y diffygion hyn.

Roedd y cwbl yn mynd i ddod i ryw uchafbwynt yn ystod y blynyddoedd nesaf.

NOEL:
Mi roedd hi'n broses *frustrating* iawn, rhaid deud, yn ystod y cyfnod hwn. Finna wedi dod i gyfarfod cymaint o is-bostfeistri eraill oedd wedi bod trwy'n union 'run profiad â fi, a phawb ohonom yn gweld mai problemau efo'r system

IT oedd i gyfrif am hynny. Yr un stori yn cael ei hailadrodd drosodd a throsodd gan bawb.

Roedd y *media* hefyd yn datblygu pethau; roedd *Computer Weekly* yn dal i redeg straeon cyson, a phapurau Llundain fel y *Daily Mail* hefyd yn dechrau rhoi sylw cyson i'n hachos ni fel postfeistri. Eironi mawr, mewn ffordd, oedd mai papur Torïaidd fel y *Daily Mail* oedd yn arwain y ffordd efo hyn, a phapur mwy dosbarth gweithiol fel y *Mirror* yn rhoi dim sylw i'n hachos ni.

Siom fawr i mi'n bersonol oedd na roddodd y *Daily Post*, ein papur lleol ni yma yn y gogledd, ddim sylw i'r mater o gwbwl chwaith. Ond wedyn, y peth pwysig oedd bod rhai yn rhoi sylw iddo gan gynnwys y newyddiadurwr Nick Wallis, a aeth i bob achos llys yn erbyn y postfeistri a chyfweld pob un ohonom ar gyfer ei lyfr gwych *The Great Post Office Scandal* ddaeth allan yn 2021.

Roedd popeth fel tasa'n mynd i'r cyfeiriad iawn mewn sawl ffordd erbyn hyn – heblaw am y Post. Llusgo'u traed trwy'r adeg a gohirio, gohirio, gohirio pethau oeddan nhw. Bron nad oedd rhywun yn teimlo ei fod yn taro'i ben yn erbyn y wal a honno'n wal galed a disymud iawn.

Ro'n i hefyd wedi dod i weld bod y gwleidyddion yn ei chanol hi efo hyn. BIS, adran o'r Llywodraeth, oedd yn gyfrifol am y Post, ond eto doeddan nhwythau chwaith ddim i'w gweld yn barod i gymryd cyfrifoldeb.

Y gwir oedd bod yr holl fater yn creu problem i'r prif bleidiau mewn ffordd: i'r Blaid Lafur gan mai Tony Blair a wthiodd y cynllun ar y Post, a'r Torïaid a'r Lib Dems wedyn oedd yn rhedeg y sioe o 2010 ymlaen.

Gan ei bod hi'n fater o ddisgwyl a disgwyl am atebion – a'r rheiny'n cau dod – mi roedd rhaid imi ddatblygu lot fawr o fynadd yn y cyfnod hwn reit saff.

Un peth a helpodd o tua 2014 ymlaen oedd imi gael swydd newydd eto. Ro'n i wedi mwynhau 'nghyfnod efo Yodel yn delifro parseli o gwmpas de'r ynys ond pan symudodd y swyddfa i Landudno, mi aeth pethau am i lawr a finna'n cael fy nhalu lot llai fesul parsal. Roedd hi'n dechrau edrych yn feinach byth arna i pan ddaru nhw stopio'n talu ni'n llwyr wedyn.

Ond yn lwcus iawn i mi, ro'n i'n digwydd nabod Richard Gould a Michelle oedd yn rhedeg yr Holland Arms, y ganolfan arddio ym Mhentre Berw, a fyntau'n gofyn i mi faswn i'n licio dod i weithio yno efo nhw am ryw ddiwrnod neu ddau bob wythnos. Wel, gan 'mod i'n mwynhau garddio roedd hwnna'n gynnig rhy dda i'w wrthod, ac mi dderbyniais y cynnig yn llawen iawn.

Mi wnes i fwynhau 'nghyfnod yno yn fawr. Mi gynyddodd fy oriau hefyd wrth imi fynd yn fy mlaen, fel 'mod i'n gweithio yna ryw bedwar diwrnod yr wythnos erbyn y diwedd, a hynny'n fy siwtio i'n iawn.

Dim ond Dolig 2021 rois i'r gorau iddi yn Holland Arms gan 'mod i'n 75 ac yn meddwl ella ei bod hi'n amser imi roi'r gorau iddi bryd hynny. Rhaid ichi gofio bod y swydd yn golygu lot o waith trwm a chario potiau a phethau eraill o gwmpas bob dydd. Er 'mod i'n lwcus iawn efo fy iechyd yn gyffredinol, roedd yr hen gorff yn deud 'digon yw digon' erbyn hynny.

Mi dyfodd y ganolfan dipyn dros y blynyddoedd ac roedd pobol yn tyrru yno o bob rhan o Sir Fôn. Dwi'n sbio 'nôl ar fy nghyfnod yn Holland Arms yn annwyl iawn. Yn doedd cymaint o bobol ro'n i'n nabod yn dod i mewn yno bob dydd, a hynny'n gyfle i mi sgwrsio efo hwn a'r llall? Dwi'n cofio Richard yn gofyn imi un dydd, 'Is there anyone you don't know, Noel?' Eto, roedd cael y gwaith hwn a hwnnw'n waith mor lleol hefyd yn uffernol o bwysig imi ar y pryd.

Wedi colli'r gwaith yn Yodel mi fyddai hi wedi bod yn hawdd iawn imi lithro 'nôl i ryw ddigalondid eto, yn enwedig gan fod pethau efo'r Post yn cymryd cymaint o amser i symud ymlaen. Ond ro'n i'n cyfri 'mendithion bob dydd gan 'mod i wedi cael y gwaith yma yn fy nghymuned fy hun. Ro'n i hefyd yn trio f'atgoffa fy hun trwy'r adeg pa mor lwcus o'n i i gael teulu mor agos ac mor gefnogol o 'nghwmpas i.

Ro'n i wrth fy modd yn cael bod yn daid a chymryd diddordeb byw ym mywydau Arthur Huw a Mared, plant Edwin a Gêl, a Jade, merch Arfon hefyd wrth iddyn nhw dyfu a phrifio.

Roedd Anti Gwenda, efaill Eira, hefyd yn rhan bwysig iawn o'n teulu ni, a finna'n cael lot o gefnogaeth ganddi hi pan fyddwn i'n mynd draw i'w gweld hi yn Llangefni.

A dyna Medwyn, fy nghefnder yn Llanfaipwll, Gordon fy nghefnder yn Bontnewydd, a Joan fy nghyfnither, (oedd wedi cadw ei Chymraeg cystal er byw yn ardal Coventry ers blynyddoedd) – roeddan nhw hefyd yn rhan bwysig o'r jig-so teuluol imi.

Heb anghofio am y ffrindiau da oedd ganddon ni'n lleol, a dau ffrind arbennig o ddyddiau Cyngor Môn hefyd, arhosodd yn driw iawn imi, sef y Cynghorydd Eurfryn Davies o Landegfan a'r Cynghorydd Trefor Lloyd Hughes o Gaergybi.

Yn 2016 mi gawson ni newydd da fel postfeistri wrth glywed bod y Criminal Cases Review Commission wedi cytuno i edrych eto ar ein hachosion ni, ac asesu holl effeithiolrwydd y system Horizon fel rhan o'r asesiad. Roedd hwn yn gam pendant ymlaen gan mai'r cam nesaf wedyn fyddai cyfeirio'r achosion ymlaen i'r Uchel Lys yn Llundain.

Mi ges alwad ffôn gan Alan Bates o Landudno, oedd wedi cwffio mor ddygn ar ein rhan ni fel postfeistri, a dyma fo'n deud: 'Noel, this is the real thing. Now that the CCRC are involved it's only a matter of time because we can take this whole thing to the High Court and clear all our names.'

'Are you sure, Alan?' meddwn i gan 'mod i wedi dod yn amheus iawn o weld unrhyw beth yn cael ei ddatrys erbyn hyn.

'Believe me, Noel,' atebodd Alan, 'this is a hell of a big

breakthrough for us. We are on the path to victory now.'
A medda fo wedyn, 'Finally!'

A fo oedd yn iawn hefyd. O'r pwynt hwnnw 'mlaen, mi roedd pethau'n symud yn llawer cynt rhywsut.

Yn dilyn yr ymgynghori rhwng y Criminal Cases Review Commission a'r Justice for Subpostmasters Alliance, mi benderfynwyd bod digon o dystiolaeth ar gyfer *group litigation* yn erbyn y Post yn yr Uchel Lys.

Pwrpas hwn fyddai ceisio chwalu'r *convictions* yn erbyn dros 700 o is-bostfeistri trwy Brydain gyda chwmni cyfreithiol Freeths wedi cytuno i ymgymryd â'r gwaith o'n cynrychioli ni, a hynny ar sail 'no win, no fee'.

Mi gafodd y *group litigation order* ei gyflwyno yn yr Uchel Lys yn 2017, gyda f'enw i yn un o'r *lead claimants*, a'r materion yn cael eu hystyried gan farnwr amlwg o'r enw Mr Justice Fraser.

'Common Issues' a 'Horizon Issues' oedd yr enwau a roddwyd ar y materion a ystyriwyd gan Mr Justice Fraser, a chyn diwedd 2019 daeth y Swyddfa Bost i gytundeb gyda Freeths, ein cwmni cyfreithiol.

Roedd hwnnw'n ddiwrnod anhygoel i bawb ohonom. Yn ddiwrnod y buo yna lot fawr o ddisgwyl amdano. A lot fawr o weddïo amdano hefyd.

Roedd y Post wedi ildio ar ôl yr holl flynyddoedd a chytuno i dalu iawndal i dros 700 o is-bostfeistri am y cam oedd wedi ei wneud inni.

Mi roedd yna andros o ddathlu acw y noson honno fel y gallwch chi ddychmygu! Cytunwyd ar swm o £57 miliwn o iawndal rhwng y Post a Freeths. Pan dorrodd y newydd am y swm enfawr hwn mi gododd clustiau pawb, wrth gwrs.

'Noel, ti'n filionêr rŵan! Be ti am wneud efo'r holl bres yna?' oedd y cwestiwn ro'n i'n ei gael yn aml yn lleol.

Ond yr hyn nad oedd pobol wedi ei sylweddoli oedd bod Freeths, y cyfreithwyr, yn llyncu'r rhan fwya o'r pres hwnnw – 80% ohono dim llai – gan eu bod nhw wedi cymryd y risg o'n cynrychioli ni, a'r risg o golli'r achos, wrth gwrs.

Wedi iddyn nhw gael yr 80% o'r arian yma mi gafodd y gweddill ei rannu rhwng 538 o'r is-bostfeistri. Mi ges i £11,000 ohono – felly ro'n i'n bell iawn o fod yn filionêr, ac mi aeth y rhan fwya o hwn i dalu gwahanol gostau mewn difri. Dwn i'm faint o weithiau yr oedd rhaid imi esbonio hyn i bobol yn lleol. Roedd o'n swm gwerthfawr iawn, wrth gwrs, ac yn gefn i mi a'r teulu ar ôl bod yn byw ar y nesa peth i ddim am flynyddoedd.

Ond mae'n bwysig deall mai wedi cael ein clirio fel grŵp o is-bosfeistri oeddan ni a bod yna gam pwysig iawn arall i'w gymryd: roedd rhaid clirio fy enw i'n bersonol mewn llys.

Dyna oedd y dasg nesaf, ac mi fyddai hynny'n cymryd dwy flynedd arall i'w wneud.

SIAN:
Mi roedd y cyfnod hwn yn gyfnod prysur ofnadwy imi. Ro'n i dal wrthi efo fy addysg gyfreithiol fy hun efo achos Dad, ac yn dal ati efo fy ngwaith fy hun yn ystod y dydd hefyd.

Eto, efo hyn i gyd, ro'n i'n cael lot fawr o gefnogaeth gan yr is-bosfeistri eraill, ac mi ddaru ni ffurfio grŵp ar WhatsApp i gefnogi ein gilydd, efo tua 30 ohonon ni ar hwn.

Dad fyddai'r cyntaf i gyfadda nad oes ganddo fo'r syniad lleia am y cyfryngau newydd yma – 'hyrdi-gyrdi' ydi ei enw fo arnyn nhw – felly roedd yna lot fawr yn disgyn ar f'ysgwyddau i o ran dal i fyny efo be oedd yn mynd ymlaen.

Roedd yna negeseuon yn dod mewn o bob cyfeiriad: gan Albert Owen, Aelod Seneddol Ynys Môn, negeseuon gan y Criminal Cases Review Commission oedd yn adolygu'r achos, a cheisiadau am wybodaeth gan newyddiadurwyr gwahanol. Un o'r rhain oedd Nick Wallis, a ddilynodd bob achos yn erbyn y postfeistri ac a sgwennodd y llyfr *The Great Post Office Scandal* a gyhoeddwyd yn 2021.

Roedd *Taro Naw* a *Panorama* hefyd yn cysylltu; mi ddaeth John Sweeney yma ddwywaith i'n gweld ni ar gyfer rhaglenni a gyflwynodd ar y BBC am y sgandal.

Choeliwch chi byth, ond mae gen i 34,000 o e-byst yn fy *inbox* dros y cyfnod yma. 34,000! Maen nhw i gyd wedi eu bacio i fyny erbyn hyn, diolch byth. Dim rhyfedd bod Dad yn cyfeirio ata i fel yr 'Home Secretary' wrth orfod delio efo hyn i gyd.

Ar adegau roedd 'y mhen i'n byrstio efo'r holl wybodaeth yr oedd rhaid imi ei phrosesu. Ro'n i hefyd yn trio bod yn gall o ran be ro'n i'n ei gyflwyno i Mam a Dad rhag eu drysu nhw'n ormodol efo'r holl *ins and outs*, fel tae. A thrio cadw ysbryd Mam a Dad i fyny hefyd trwy'r holl *rollercoaster*, a'u cael nhw i gredu y bydden ni'n ennill ar ddiwedd y dydd.

Cofiwch, ro'n i'n amau hynny fy hun ar adegau efo'r Post yn chwarae eu gêms meddyliol efo ni dros gymaint o amser, a finna'n cael dwn i'm faint o nosweithiau di-gwsg yn poeni am hyn i gyd.

Ond ro'n i'n gorfod rhoi ffrynt positif a chadarn o flaen Mam a Dad. Bron nad oedd yna ryw *role reversal* wedi digwydd yn ein perthynas ni, a fi bron fel ffigwr y rhiant yn gorfod gofalu am eu lles nhw.

'Sdim dowt, roedd o'n lot o straen ac yn deud ar fy mywyd cymdeithasol i hefyd. Byddai ffrindiau'n deud yn aml wrtha i, 'Sian, tyd allan efo ni am bryd o fwyd neu ddrinc heno,' a finna'n gorfod ateb, 'Sori, mae gen i waith i'w wneud efo achos Dad.'

'O, ddim eto, Sian!' ro'n i'n ei gael yn aml ganddyn nhw.

Rhaid imi gyfadda, roedd yr holl broses wedi 'ngneud i braidd yn *single-minded* a bod yn onest. A chan 'mod i'n byw efo Mam a Dad hefyd yn Rhos Elen, mi roedd hi'n anodd iawn osgoi'r holl fater rhywsut.

Roeddan ni'n trio cynnal bywyd fel teulu normal ac

yn trio gwneud y pethau mae teuluoedd normal yn eu gwneud, ond mam bach, mi roedd hi'n anodd cadw at hynny. Diolch byth, wrth i amser fynd heibio, mi wnaeth pethau wella.

Wrth gwrs, roedd y Criminal Cases Review Commission yn gam anferth ymlaen, ac wedi i hwnnw basio'r achos ymlaen i'r Uchel Lys, roedd ennill y dydd fel tae'n dod yn nes ac yn nes.

Dwi'n cofio'r diwrnod hwnnw yn yr Uchel Lys yn Nhachwedd 2019 yn glir iawn. Roedd Edwin 'y mrawd a finnau'n gweithio yng Nghartra Fairways erbyn hyn, ac roeddan ni wedi cael ar ddallt gan Freeths bod yna gyhoeddiad yn *due* y bore hwnnw.

Dyna lle'r oedd Edwin a finna ar bigau drain trwy'r bore yn dyfalu be oedd wedi digwydd – ond doedd gan Dad ddim ffôn na dim. Methu dallt be oedd yn mynd ymlaen a methu meddwl am waith o gwbwl.

'Edwin,' meddwn i wrtho fo amser cinio, 'fedra i'm diodda hyn. Mae'n rhaid imi ffonio Freeths i weld be sy'n digwydd.'

Dyma ffonio Freeths a chlywed ganddyn nhw bod Dad wedi cael y neges ers ben bora a bod y *group litigation* wedi ennill! Doedd Dad ddim wedi agor ei e-bost y bore hwnnw, a ddim yn gwybod be oedd wedi digwydd. Typical Dad efo technoleg newydd.

Mi ffoniais i o i roi'r newydd da iddo fo, a deud wrtho am sbio ar ei e-bost. A dyna lle roeddan ni wedyn, fi, Edwin a Dad, jest yn crio fel afon efo'n gilydd dros y ffôn. Yna dyma fynd ati i ffonio pawb arall yn y teulu, a'r dagrau'n cael eu rhannu rhwng pawb ohonon ni wedyn.

Ar ôl pedair blynedd ar ddeg o frwydro, ar ôl yr holl ddisgwyl, ar ôl yr holl ddagrau, roeddan ni wedi ennill o'r diwedd. Haleliwia!

Roedd dwy flynedd arall i fynd tan y basan ni'n cael clirio enw Dad yn unigol, ond mi roeddan ni'n gwybod mai jest mater o amser oedd hi bellach.

SYLWEBAETH ALED:

Roedd dyfarniadau Mr Justice Fraser yn yr Uchel Lys yn 2019 ar ffurf y 'Common Issues' a'r 'Horizon Issues' yn fanwl eithriadol – dros 500 o dudalennau. Roedd ganddo sylwadau deifiol i'w gwneud am ymddygiad y Swyddfa Bost trwy'r holl saga, gan ei ddisgrifio ar un pwynt fel 'oppressive behaviour'. Gan gyfeirio at ddisgrifiad y Swyddfa Bost ohonyn nhw eu hunain ar eu gwefan fel 'the nation's most trusted brand', roedd ganddo hyn i'w ddweud: 'As far as these claimants, and the subject matter of this Group Litigation, are concerned, this might be thought to be wholly wishful thinking.'

Datgelodd fod y dystiolaeth a gyflwynwyd i'w sylw wedi dangos bod Horizon yn cynnwys 30 o fygs a diffygion eraill yn y system oedd yn medru – ac wedi – achosi diffygion mawr mewn canghennau gwahanol o'r Post ar draws Prydain.

Dywedodd ymhellach nad oedd unrhyw sail o gwbl i'r hyn yr oedd y Post wedi bod yn ei ailadrodd ar hyd yr amser, sef bod y system Horizon yn gwbl ddibynadwy. 'It was not remotely robust,' meddai. 'The number, extent and type of impact of the numerous bugs, errors and defects that I have found in Legacy Horizon makes this clear.'

Ychwanegodd yn ei ddyfarniad ei bod hi'n amlwg bod y Swyddfa Bost a Fujitsu (y cwmni a oedd yn gyfrifol am y system Horizon) wedi bod yn ymwybodol o broblemau difrifol gyda'r system ers peth amser, ond wedi dewis celu'r cwbl gan fod yna:

a distinct sensitivity within both the Post Office and Fujitsu about keeping this information to themselves in order to avoid a "loss of confidence" in Horizon and the integrity of its data. A less complimentary (but accurate) way of putting it would be to enable the Post Office to continue to assert the integrity of Horizon and avoid publicly acknowledging the presence of a software bug ...

Yn ei hanfod, yr hyn yr oedd y barnwr yn ei ddweud oedd bod yr holl gyhuddiadau yn erbyn yr is-bostfeistri a'r holl ddyfarniadau a roddwyd yn eu herbyn gan lysoedd gwahanol dros nifer o flynyddoedd yn hollol anniogel.

Golygai hynny bod rhaid gwyrdroi yr holl ddyfarniadau hynny.

Dyma'r prif bwyntiau a wnaed gan Mr Justice Fraser yn ei ddyfarniad. Yn y rhestr isod mae POL yn sefyll dros Post Office Limited ac SPMs yn sefyll dros Sub-postmasters.

- Doedd Legacy Horizon ddim yn 'robust' o bell ffordd.
- Roedd yna berygl sylweddol a materol o achosi camgymeriadau mewn cyfrifon canghennau oherwydd bygs, diffygion a chamgymeriadau yn Horizon.
- Roedd tystiolaeth annibynnol yn cefnogi'r hyn yr oedd yr SPMs yn ei ddweud, gan gynnwys tystiolaeth peirianwyr y Post Brenhinol eu hunain a chyfrifwyr POL.
- Roedd POL wedi methu â datgelu i'r SPMs y sefyllfa lawn a chywir o ran pa mor ddibynadwy oedd Horizon.
- Roedd POL a Fujitsu wedi derbyn yn ddigwestiwn mai'r SPMs oedd yn gyfrifol am y diffygion ariannol. Roedd lefel yr ymchwilio i'r materion hynny ganddynt yn ddiffygiol iawn.
- Roedd yr SPMs wedi bod dan anfantais fawr wrth beidio gallu cael gafael ar wyboadaeth berthnasol a allai fod wedi eu helpu nhw i ymchwilio i'r colledion hyn a'u herio nhw.
- Doedd gan yr SPMs ddim modd o allu herio colledion o fewn Horizon.
- Roedd POL wedi gorbwysleisio'r rheidrwydd oedd ar SPMs i wneud iawn am unrhyw golledion.
- Roedd 'remote access' i gyfrifon canghennau (gan

Fujitsu) yn helaeth, ac yn wir, roedd rhai cyfrifon canghennau wedi eu newid heb i'r SPMs wybod am hynny.

Daeth y 'remote access' hwn, sef gallu Fujitsu eu hunain i newid y cyfrifon o bell, yn fater o bwys mawr yn yr ymchwiliad cyhoeddus yn 2022 – wedi i uwch-swyddog o'r cwmni ddatgan bod y Swyddfa Bost yn gwybod am hyn o'r cychwyn cyntaf un.

Roedd dyfarniad Mr Justice Fraser yn anhygoel ar sawl ystyr. Roedd yn profi bod y prosesau cyfreithiol yn erbyn yr is-bostfeistri ers bron i ugain mlynedd wedi bod yn hollol wallus o'r dechrau, ac y caniatawyd i'r diffyg sylfaenol hwnnw barhau ar hyd y blynyddoedd hynny. Yn y bôn, roedd o'n ddyfarniad damniol ar y system gyfreithiol ei hun hefyd.

Cliriwyd enwau 780 o is-bostfeistri trwy'r dyfarniad, a llwyddodd eu holl ymgyrchu hir a phoenus dros ddau ddegawd i gael y maen i'r wal o'r diwedd.

Roedd hi'n arwyddocaol iawn hefyd bod Mr Justice Fraser wedi rhannu'r bai yn gyfartal rhwng y Swyddfa Bost a Fujitsu yn ei ddyfarniad. Dros y blynyddoedd roedd Fujitsu wedi aros yn y cysgodion i raddau helaeth iawn, a'r Post eu hunain oedd yr wyneb cyhoeddus trwy'r adeg. Ond roedd y barnwr yn y fan hon wedi awgrymu nad oedd modd i'r cwmni mawr Siapaneaidd guddio tu ôl i enw cyhoeddus y Swyddfa Bost bellach, a'u bod hwythau i'w beio llawn cymaint ag unrhyw un.

Byddai rôl ganolog Fujitsu eu hunain yn yr holl sgandal yn dod fwyfwy i'r ymwybyddiaeth gyhoeddus dros y blynyddoedd oedd i ddod, nid yn unig yn yr achosion unigol a ddaeth gerbron y Llys Apêl yn 2021 ond hefyd yn yr ymchwiliad cyhoeddus dan gadeiryddiaeth y Cymro, Syr Wyn Williams, a ddechreuodd yn niwedd 2021.

Ac sydd yn dal i fynd yn ei flaen wrth i'r llyfr hwn fynd i'r wasg.

9

Clirio f'enw o'r Diwedd

NOEL:
Unwaith gawson ni'r dyfarniad hwnnw yn yr Uchel Lys, roedd meddwl rhywun yn troi'n syth wedyn at y cam nesaf.

Er mor bwysig oedd cael ein clirio fel grŵp mawr o bostfeistri, i mi wrth gwrs, doedd dim gorffwys i fod nes cael clirio fy enw i yn bersonol. Ro'n i'n reit ffyddiog y byddai hynny'n digwydd ar ôl be ddeudodd y twrneiod wrthan ni, ond eto roedd rhaid i rywun ddisgwyl tua chwe mis cyn cael gwybod yn bendant bod hyn am ddigwydd.

Y CCRC, y Criminal Cases Review Commission, benderfynodd ar hyn, trwy sgwennu ata i i ddeud eu bod yn fodlon bod yna ddigon o dystiolaeth i fynd ag achos i'r Llys Apêl.

[Gol. – Dyma oedd esboniad y CCRC yn eu llythyr at Noel:
i) Bod cael data dibynadwy gan Horizon yn hanfodol ar gyfer y broses gyhuddo a dedfrydu, a heb fod hwnnw yn ei le, doedd dim modd i'r broses fod yn un deg.
ii) Ei fod yn staen ar y gydwybod gyhoeddus i'r apelydd fod wedi wynebu achos troseddol.]

Roedd cael y llythyr hwnnw yn ddigwyddiad mawr iawn yn tŷ ni y diwrnod hwnnw. O'r diwedd ro'n i'n mynd i gael fy niwrnod yn y llys, a hwnnw'n ddiwrnod a fyddai'n hollol wahanol i'r ffars o ddiwrnod ges i yno yn 2006 pan ges i fy nanfon i lawr.

Ro'n i'n teimlo bod yna ryw bwysau mawr wedi codi oddi ar fy ysgwyddau'r bore hwnnw. Roedd fy ngham i'n 'sgafnach rywsut, a 'mhen i'n uwch wrth imi gerdded rownd Gaerwen. Mi wyddwn bod cyfiawnder ar ei ffordd o'r diwedd.

Er nad oedd ganddon ni ddyddiad pendant bryd hynny, roedd yna LOT fawr o waith paratoi i'w wneud. Yn un peth, roedd rhaid cael cwmni cyfreithiol arall i'n cynrychioli ni yn y Llys Apêl. Yn bersonol, mi faswn i wedi bod yn hapus iawn i gario 'mlaen efo Freeths am eu bod nhw'n barod wedi gneud joban dda iawn drostan ni yn fy marn i.

Ond yn ôl y gyfraith, gan eu bod nhw wedi ennill drostan ni mewn un llys – yr Uchel Lys – doedd dim modd iddyn nhw wedyn ein cynrychioli ni mewn llys arall – y Llys Apêl. Felly, roedd rhaid inni gael hyd i gwmni arall.

Yn lwcus iawn i ni, roedd ganddon ni Alan Bates ar y *case*. Nid yn unig yr oedd Alan yn deigar drostan ni yn gyhoeddus, roedd o hefyd yn gwneud lot fawr o waith pwysig yn dawel yn y cefndir.

Cyn bo hir roedd o wedi cael hyd i gwmni o'r enw Hudgell o Hull a oedd yn fodlon ein cynrychioli ni yn yr Uchel Lys. Roedd rhaid inni wneud cais ffurfiol i Hudgells ar gyfer hyn, ond buan iawn y cafodd hwnnw ei dderbyn, ac mi roeddan ni ar y ffordd.

Byddai Neil Hudgell yn cynrychioli 33 ohonon ni yn yr Uchel Lys yn 2021; y *batch* cyntaf o is-bostfeistri gafodd eu cyhuddo ar gam oedd y rhain.

Ac mi ddewisodd Alan Bates yn dda, chwarae teg iddo. Mi ddaeth Neil Hudgell draw i Gaerwen i 'ngweld i, ac o'r cychwyn cyntaf, mi gymris ato fo. Hogyn o gefndir dosbarth gweithiol wedi ei fagu gan ei nain yn Hull oedd o, ac wedi gweithio ei hun i fyny i ddod yn fòs ar gwmni cyfreithiol yno, a hwnnw'n gwmni oedd yn rhoi cyfle i lot o hogiau a merched lleol i weithio efo fo hefyd. Roedd Neil yn ddyn ei filltir sgwâr fatha finnau mewn ffordd, ac yn foi *rugby league* mawr. Yn wir, roedd o wedi bod yn ddim llai na Chadeirydd Hull Kingston Rovers!

Does gen i ddim byd i'w ddeud wrth *rugby league* fy hun, ond roedd Neil wastad yn sôn am y gêm a wastad isio i Sian a finnau fynd yno i weld gêm efo fo. Bydd rhaid inni fynd yno un o'r dyddiau hyn.

Wedi'r cyfarfod cyntaf hwnnw roedd Neil, dros y misoedd nesaf, mewn cysylltiad cyson efo ni trwy Zoom, e-bost a'r ffôn er mwyn rhoi gwybod i ni beth oedd yn digwydd. Ac eto, yr 'Home Secretary', Sian, oedd yn 'sgwyddo'r mwya o'r baich efo'r holl negeseuon hyn. Diolch i Dduw ei bod hi mor abal i wneud hyn. Berig y baswn i wedi cael fy llethu gan yr holl *correspondence* gwahanol oedd yn cyrraedd acw rownd y ril.

Roedd y gwaith caib a rhaw efo'r achos wedi ei wneud gan gwmni Freeths wrth gwrs, ond eto roedd rhaid i Neil Hudgell ddiweddaru pethau a chael yr holl ffeithiau ar flaenau'i fysedd ar gyfer yr achos newydd. Ac mi roedd o'n drylwyr iawn, iawn, chwarae teg iddo. Mi fuo hefyd yn gefn mawr i mi a'r teulu trwy'r adeg yma o ddisgwyl am yr achos yn y Llys Apêl.

Gan wybod bod Neil yn gwneud yr holl waith hyn yn effeithiol iawn yn y cefndir, roedd hi'n reit hawdd imi wedyn ddal ati efo fy mhatrwm byw pob dydd. Bod efo 'nheulu, gweithio ym Mhentre Berw a chario 'mlaen i wneud y pethau ro'n i'n mwynhau eu gwneud fwyaf, jest sgwrsio efo pobol fy nghymuned yn fanno bob dydd.

Ac edrych ymlaen at y diwrnod mawr, pryd bynnag y basa hwnnw'n cyrraedd.

SIAN:
Rhwng pob dim roedd y cyfnod o 2019 i 2021 yn *rollercoaster* mawr arall inni fel teulu. Mi roddodd saga Covid yn 2020 fwy fyth o bwysau arna i yn bersonol gan 'mod i erbyn hynny yn gweithio yn y dderbynfa yng Nghartref Nyrsio

Fairways yn ardal Llanfairpwll. Ar ben hynna i gyd, roedd yna drasiedi deuluol hefyd i ddod ar ein traws ni yn y cyfnod yma.

Roedd 2019 ei hun yn flwyddyn na wnawn ni fyth ei hanghofio fel teulu gan mai dyna pryd y cafodd Dad a 538 o is-bostfeistri eraill eu clirio yn y *group litigation* yn yr Uchel Lys. Yna, wedi cael y newydd gan y CCRC bod yr achos yn mynd ymlaen i'r Llys Apêl, roedd rhaid dechrau meddwl am hynny. Fi gafodd y gwaith o gydlynu rhwng ein teulu ni a chwmni cyfreithiol Neil Hudgell o Hull a fyddai'n cyflwyno'n hachos ni yn y Llys Apêl.

Mi fyddai Neil yn dod yn berson pwysig iawn yn ein teulu ni dros y ddwy flynedd nesaf, yn cynnig cyngor, arweiniad a chefnogaeth gyson inni trwy'r holl broses. Ychwanegodd hynny at yr addysg fawr ro'n i wedi ei chael trwy'r holl broses hir a diddiwedd hon i geisio clirio enw Dad.

Efo'r holl stwff oedd yn cael ei bostio ar-lein ac ar y cyfryngau cymdeithasol erbyn hyn, roedd y gwres yn dechrau codi. Byddai Neil wastad yn fy rhybuddio fi i geisio cadw rhag y taeru gwaethaf oedd yn digwydd yno ymhlith rhai pobol.

'Sian,' meddai wrtha i yn aml, 'don't join in with all that. Keep as low a profile as you can, it will be better for all of us in the long run.'

Ofn Neil oedd y gallai peth o'r sylwadau oedd yn cael eu gwneud am yr achos ar-lein beryglu ein llwyddiant ni yn y Llys Apêl. Cyngor doeth iawn. 'Remember, Sian, the Post Office are probably trawling through these comments looking for things that could be used against us – so let's be careful.'

Dyma'r union gyngor yr ydan ni wedi ei gael yn fwy diweddar hefyd wrth i'r ymchwiliad cyhoeddus fynd yn ei flaen dan arweiniad Syr Wyn Williams.

Mae 'na lot o bethau da a phwysig yn cael eu postio ar y cyfryngau cymdeithasol, cofiwch, a hynny'n help mawr inni, ond mae 'na daeru gwirion yno hefyd, a weithiau mae pethau'n mynd yn rhy bell, neu dros ben llestri fel basa rhywun yn ei ddeud. A chan 'mod i'n dueddol o fod yn reit danbaid am bethau, roedd o'n handi iawn cael Neil yn deud wrtha i bob hyn a hyn, 'Sian, cool down. Get off the Twitter for a while. Let the process sort itself out.'

Wel, mi ddaeth 2020 ac mi newidiodd popeth i bawb wedi i Covid ymddangos. Fel ro'n i'n sôn gynnau, ro'n i'n gweithio yn Fairways, Llanfairpwll yn y dderbynfa yn fanno. Gan fod fy mrawd Edwin yn gweithio yno hefyd fel *chef*, roedd hi'n braf cael ei gwmni fo. Ond mi roedd y flwyddyn yna efo'r cyfnodau clo yn ofnadwy inni fel teulu.

Roedd llawer o hen bobol y cartra yn methu gweld eu teuluoedd yn y cyfnod hwn, a hynny'n gneud pethau'n anodd iawn, iawn iddyn nhw, y craduriaid bach. I raddau, roeddan ni fel staff wedi mynd yn ofalwyr ac yn deulu i'r bobol yn y cartra dros y cyfnod hwn. Er mai yn y dderbynfa oeddwn i, roedd 'y ngwaith i yn llawer mwy eang na hynny mewn difri. Yn debyg iawn i Dad dwi'n berson pobol, ac mi fyddai'r sgiliau hyn yn dod yn handi iawn yn y cyfnod yma.

Pan o'n i'n gweithio shiffts hir yno weithiau, ro'n i'n arfer mynd rownd i ddweud nos dawch wrth yr holl gleientiaid yn y cartra, a'r rheiny wir yn gwerthfawrogi hynny, bechod. Yn doeddan nhw wedi colli cysylltiad efo'u teuluoedd oherwydd y rheolau, a hynny mor dorcalonnus iddyn nhw? Mi ddeudodd y cyfnod yna ar lot fawr ohonyn nhw hefyd.

Ond dyna ni, dyna oedd y rheolau ac roedd rhaid inni fel cartra gadw atyn nhw, yn doedd?

Dros y flwyddyn nesaf, fe gollon ni nifer fawr o breswylwyr y cartra i Covid, felly mi welwch chi ei fod o wedi cael effaith ddifrifol arnon ni. Wedi'r cwbwl, ro'n i'n eu nabod ac yn meddwl y byd ohonyn nhw. Roedd o'n andros o anodd imi.

Roedd 2020 jest yn flwyddyn od iawn, iawn i bawb

ohonon ni, doedd, gan fod bywydau pawb wedi cael eu newid yn llwyr gan y Covid. Roedd gorfod addasu i wisgo masgiau, cadw pellter oddi wrth bobol, cyfnodau clo ac ati jest yn newid mor fawr ac wedi newid cymaint ar ein bywydau ni i gyd.

Dyna lle'r oedd pawb yn byw mewn cymaint o ofn a phoen meddwl, yn poeni ein bod ni'n mynd i gael y Covid, ac yn waeth byth ei roi o i bobol eraill, wrth gwrs. Mae hi mor od edrych yn ôl arno fo rŵan.

Yr unig beth wnaeth helpu mewn ffordd yn 2020 oedd ein bod ni wedi cael y tywydd braf 'na am rai misoedd yn y gwanwyn a'r haf, a'r llonyddwch mawr 'na o'n cwmpas ni am fod llai o draffig ar y lonydd a llai o ymwelwyr ar draws Sir Fôn. Roedd lot ohonon ni'n teimlo ein bod wedi cael ein hynys yn ôl am ychydig yn ystod y cyfnod hwn rhywsut.

Ond er deud hynna i gyd, roedd hi'n anodd iawn bod ar y *front line* yn y cartra yn delio efo effeithiau Covid ar yr henoed, y bobol fwya bregus. Mae gwaith mewn cartra nyrsio fel hyn yn waith caled ar y gorau wrth gwrs, ond roedd o cymaint anoddach i ni i gyd yn ystod 2020.

Ond eto, roedd o'n brofiad da iawn i mi a dwi ddim yn difaru cymryd y gwaith yna, er imi symud ymlaen wedyn i weithio yn y syrjeri yn Llanfair a Dwyran. *Challenge* newydd eto imi!

Erbyn diwedd 2020, roeddan ni wedi cael dyddiad ar gyfer clywed achos Dad yn yr Uchel Lys. Roedd y dystiolaeth i'w chlywed dros bedwar diwrnod yn y Llys Apêl, ar Fawrth 19, 20, 21 a 22. Roedd y dyfarniad ei hun i'w gyhoeddi gan y Law Lords ar ddydd Gwener, Ebrill 23. Dyna darged pendant i ni fel teulu anelu eto.

Ond fyddai hi ddim yn bosib gorffen sôn am 2020 heb sôn am argyfwng arall ddaeth allan o nunlle i'n sigo ni fel teulu. Argyfwng oedd i'n hysgwyd ni i'r byw unwaith eto.

NOEL:

Blwyddyn chwerwfelys, *bitter-sweet*, oedd 2020. Chwerw-felys go iawn i ni fel teulu. Wedi'r holl drawma yr oeddan ni wedi bod trwyddo ar hyd y blynyddoedd, roeddan ni i gyd erbyn hyn yn edrych ymlaen cymaint i weld diwedd ar y cwbl a chael ein bywydau ni'n ôl o'r diwedd. Ychydig wydden ni bod yna drawma mawr teuluol arall i ddod i'n llethu ni.

Roedd Arfon, yr hogyn hynaf, wedi bod yn ennill ei damaid fel paentiwr a *decorator* ar hyd y blynyddoedd, gan deithio i lot o lefydd gwahanol efo'i waith, a threulio lot o amser dros y ffin yn Lloegr hefyd.

Tua diwedd 2019, dechreuodd Arfon gwyno am boenau yn ei fraich ac roedd o'n methu ei chodi hi'n iawn wedyn. Mi aeth o i fewn am MRI ac ati yn Ysbyty Gwynedd ym mis Chwefror 2020 a chael y newydd diawledig fod cansar *stage four* arno fo.

Mi hitiodd y newydd yna fi fel gordd ar 'y nhalcan.

Doedd dim geiriau gen i i ddisgrifio sut ro'n i'n teimlo a deud y gwir. Jest rhyw *numbness* a rhyw ddüwch yn dod drosta i fel tonnau eto.

Oedd yna ddim dianc rhag yr hunllef mawr yma oedd wedi bod dros ein teulu ni ers cymaint o amser?

Wel, mi drefnwyd triniaeth *chemo* i Arfon yn Glan Clwyd, ac mi benderfynwyd y byddai Arfon yn dod adra atan ni i Rhos Elen yn Gaerwen rhwng y triniaethau. Er mor dynn oedd hi acw efo fi ac Eira a Sian yno'n barod, mi roeddan ni'n falch iawn ein bod ni'n gallu gwneud hyn drosto fo.

Mi roedd y naw wythnos nesaf yn anodd uffernol inni fel teulu wrth weld Arfon yn mynd lawr 'rallt mor sydyn. Ei weld o'n gwaelu ac yn gwanio bob dydd.

Doedd Arfon ddim yn un da iawn am rannu ei deimladau efo ni fel teulu – yn debyg iawn i mi mewn ffordd – ac os oeddech chi isio gwybod be oedd yn mynd ymlaen efo Arfon roedd rhaid, yn aml, mynd â fo am beint. Yn anffodus, yn ystod y cyfnod hwn roedd o jest yn rhy wan a llesg i allu gwneud hynny.

Roedd y gweddill ohonon ni jest mor drist ac mor *frustrated* nad oeddan ni'n gallu gwneud yr un dim i'w helpu fo.

Yma eto mae'n rhaid imi dynnu 'nghap i Sian – mi fuo hi'n wych efo Arfon, yn ei nyrsio fo a gneud yn siŵr ei fod o'n cael y tabledi oedd eu hangen arno fo i ladd peth o'r boen ac ati.

Ond er ei holl waith caled hi doedd 'na ddim gwella i fod ar Arfon ac mi gafodd ei gymryd oddi arnon ni ar 26 Mawrth, 2020. Dim ond 50 oedd o.

Tor calon i fi ac Eira fel ei rieni fo wrth gwrs, ond tor calon hefyd i bawb arall yn ein teulu bach agos ni.

Yr hyn oedd yn ei gwneud hi'n waeth rhywsut oedd ein bod ni wedi cael cymaint o lawenydd fel teulu y flwyddyn gynt, a rŵan wedi cael ein taflu 'nôl i'r düwch eto fyth.

Arfon druan, a oedd wedi bod yn gymaint o gefn i mi ar hyd yr adeg, ddim yn cael byw i weld y diwrnod mawr pan fyddwn i'n cael clirio f'enw.

Ac oherwydd ein bod ni yng nghanol miri'r Covid, doeddan ni ddim yn teimlo rywsut bod Arfon wedi cael cyfiawnder wrth gael ei gladdu chwaith.

A fynta'n hogyn mor boblogaidd, mi fyddai rhywun wedi disgwyl y byddai rhai cannoedd wedi dod i'w gnebrwng i ddeud ffarwél wrtho. Ond oherwydd y rheolau ar y pryd dim ond deunaw ohonon ni oedd yn gallu mynd i'r crematoriwm ym Mangor.

'Sgen i ddim byd ond canmoliaeth i'n ficar ni yma, Emlyn Williams; mi fuo fo'n dda iawn efo ni fel teulu, ac mi roddodd o wasanaeth coffa teilwng iawn i Arfon hefyd.

Ond roedd yna deimlad ein bod ni wedi cael colled ddwbwl mewn ffordd. Colli mab, brawd, tad ac yncl, wrth gwrs, ond teimlo hefyd bod y ffarwél iddo wedi bod mor ddi-ddim rhywsut efo'r niferoedd bach oedd wedi gallu bod yn ei gnebrwng o.

Ond dyna ni, oherwydd y rheolau Covid ar y pryd roedd miloedd ar filoedd o deuluoedd eraill wedi gorfod mynd trwy'r un profiad yn y cyfnod hwn.

Mi fyddai wedi bod yn hawdd inni i gyd fod â'n pen yn ein plu am fisoedd ar ôl y golled hon, ond roedd ganddon ni achos arall i ymladd drosto, ac roedd hynny'n help rhywsut wrth inni orfod edrych ymlaen.

Ella bod hyn yn mynd i ddod drosodd braidd yn galed i rai, ond mi roedd hi'n fendith gallu troi ein sylw at rywbeth mor bositif ar ôl y galar mawr o golli Arfon.

Dyma'r cyfnod oedd yn arwain i fyny at yr achos apêl, ac roedd hi'n uffernol o brysur, rhwng galwadau ffôn a negeseuon e-bost efo Neil Hudgell ac ati.

Roedd yr holl *documentation* wedi ei ddanfon i mewn beth amser ynghynt, a'r Law Lords wedyn yn treulio pedwar diwrnod ym mis Mawrth i ystyried y mater cyn inni ddod ynghyd yn y Llys Apêl.

Mi deithion ni lawr i Lundain ar drên 6.00 i gael bod yn y Llys Apêl erbyn 10.30 ar fore Gwener, Ebrill 23. Profiad rhyfedd iawn oedd bod yn Llundain a phopeth mor ddistaw yno oherwydd y Covid. Dyna gyfarfod wedyn â Neil Hudgell a Tim Maloney, y bargyfreithiwr oedd ganddon ni yn yr achos.

Dwi'n cofio teimlo'n nerfus iawn a Neil yn deud wrtha i, 'Don't worry, Noel. You're going to be all right. We've done all the work, it's in the bag.'

Eto, dwi'n siŵr fod gan Neil a Tim Maloney eu hunain le i fod ychydig yn nerfus y noson gynt gan nad oeddan nhw wedi cael copi o ddyfarniad y Law Lords, fel sy'n digwydd fel arfer cyn cyhoeddi'r dyfarniad. Felly, roedd pawb ohonon ni mewn ffordd yn mynd i mewn iddi yn hollol oer y bore hwnnw.

Roedd y 33 ohonon ni fel is-bostfeistri wedi cael ein rhannu rhwng tri neu bedwar o lysoedd yn y Llys Apêl a'r dyfarniad yn cael ei ffrydio'n fyw i bob un ohonynt. Fel mae'n digwydd, ro'n i'n ddigon ffodus i gael bod ymhlith y rhai oedd yn y llys lle roedd y Law Lords eu hunain yn ymddangos – dau ddyn ac un ddynes.

Ond mi yrrodd sylwadau agoriadol un o'r ddau ddyn fy nghalon i'm sgidia fi. 'There are three sub-postmasters whose cases I dismiss at the start,' medda fo.

'O, dyma ni!' medda fi wrtha fy hun. 'Ydw i am gael fy siomi reit ar y diwedd un?'

Ond wedyn dyma fo'n dechrau darllen enwau'r 30 oedd yn cael eu clirio, a'n enw fi ymhlith y cyntaf i gael eu darllen allan ganddo.

Be fedra i ei ddeud am y foment honno? Diwedd ar un mlynedd ar bymtheg o boen meddwl, cywilydd, tywyllwch, anobaith a cholledion o bob math. A'r cwbl yn cael eu codi mewn un frawddeg fechan o enau'r Law Lord hwn.

Dwi'm yn cofio llawer mwy na hynny, 'mond bod y Law Lord wedyn wedi rhoi rhyw *summary* o'r achos, a deud y byddai'r dyfarniad llawn yn cael ei ryddhau ymhen rhyw hanner awr.

Dwi yn cofio mynd allan i'r haul braf y tu allan i'r Llys Apêl a chael *media scrum* anferthol o'n cwmpas ni yno, a chamerâu yn fflachio ym mhob man.

Rhywun o'r *Daily Mail* yn stwffio meicroffon o dan 'y nhrwyn i a gofyn imi, 'How do you feel today?'

'The sun is shining and I am a free man,' meddwn i gan drio 'ngora i gadw'r holl emosiwn dan reolaeth.

Roedd Sian ac Edwin wedyn ym mhen arall y sgrym yma a Sian, yn ei ffordd arbennig ei hun, yn eu clirio nhw i gyd o'r ffordd trwy weiddi, 'He's my father. Get out of my bloody way!'

Roedd yna *group hug* sbesial iawn wedyn 'rôl iddi hi ac Edwin wneud eu ffordd ata i o'r diwedd. Un sbesial iawn, iawn hefyd a'r dagrau'n llifo fel afon.

Yng nghanol yr holl emosiwn, wnes i anghofio mynd 'nôl i mewn i'r llys i nôl y dyfarniad, ond chwarae teg, mi aeth rhywun arall yn ôl yna i'w nôl o imi!

Byddai peint i ddathlu wedi bod yn addas iawn ond doedd yna ddim pyb ar agor oherwydd y Covid, ac mi benderfynon ni wneud ein ffordd i Euston i gael y trên yn ôl i Sir Fôn. Finna'n gafael yn dynn yn y dyfarniad, ac yn ei ddarllen o drosodd a throsodd ar y daith yn ôl gan ddeud wrtha fy hun, 'Yndi, Noel, mae o i lawr ar ddu a gwyn rŵan. Maen nhw wedi clirio f'enw o'r diwedd. Ar ôl yr holl *struggle*, dwi'n ddyn rhydd eto.'

Pan gyrhaeddon ni adra yn Gaerwen roedd y ffôn yn canu yn ddi-stop ond mi gysgais i'n dda iawn y noson honno, gan ddeffro'r bore wedyn yn gwybod bod yr holl hunllef drosodd. Roedd y staen yna ar fy nghymeriad a'n enw da fi wedi cael ei glirio o'r diwedd.

A 'mywyd i yn cychwyn o'r newydd. *Life begins at 74!*

SIAN:

Roedd colli Arfon yn 2020 yn brofiad ofnadwy i bob un ohonon ni fel teulu. Dim ond naw wythnos gawson ni efo fo o'r deiagnosis i'w farwolaeth o. Dwn i ddim sut wnes i ddal trwy'r holl beth a deud y gwir.

Fel ro'n i'n deud, roedd y gwaith yn y cartra nyrsio dros gyfnod y Covid yn ddigon anodd ar ben gweithredu fel yr 'Home Secretary' ar achos Dad gyda'r nos. Ac ar ben y cwbwl gorfod delio efo gweld Arfon, fy mrawd mawr, yn marw wedi'r salwch creulon yma a gafodd o. Profiad erchyll oedd ei weld o jest yn dirywio'n ara deg, a ninna'n methu gneud dim i'w helpu fo mewn difri.

Roedd o'n ofnadwy i Mam a Dad hefyd, wrth gwrs, i weld y ffasiwn beth yn digwydd i'w plentyn hynaf nhw. A hynny yng nghanol eu trafferthion mawr eu hunain.

Ofnadwy hefyd i Jade, merch Arfon, oedd yn byw yn ardal Bae Colwyn, a Trish, cyn-wraig Arfon, a'r ddau ohonyn nhw'n dal yn ffrindiau da er y gwahanu.

Roedd Arfon wedi bod am driniaeth *chemo* yn Ysbyty

Glan Clwyd, ond yn Ward Alaw Ysbyty Gwynedd oedd o yn ystod y cyfnod ola un.

Pan oedd o adra, ro'n i'n trio gneud y gora drosto fo a gneud yn siŵr ei fod o'n cymryd ei dabledi i gyd a ballu. Roedd yna tua ugain ohonyn nhw i gyd os dwi'n cofio'n iawn. Roedd o'n frawd mawr i mi, ro'n i'n ei garu o ac ro'n i am wneud y gorau gallwn i drosto.

Dwi'n cofio Arfon yn gofyn imi unwaith sut oeddwn i'n côpio efo'r holl waith yma o ofalu amdano fo, a finna'n deud wrtho fo, 'Yli, 'ngwas i, dwi'n gwbod yn iawn y basat ti'n gneud yn union yr un peth taswn i'n sâl – felly dwi ddim isio mwy o gwestiynau fel yna.'

Ddaru o ddim deud dim byd yn ôl, ond ro'n i'n gallu gweld ar ei wyneb o ei fod o wedi dallt y pwynt ro'n i wedi ei wneud.

Roeddan ni wedi cael prognosis tywyll iawn o'r cychwyn gan y doctoriaid yn Ysbyty Gwynedd 'rôl i'r *stage four* cansar gael ei ddarganfod ar Arfon.

Mi wydden ni'n reddfol wedyn mai ychydig o amser oedd ganddon ni efo fo mewn difri, felly roeddan ni am drio gneud y gorau fedran ni o'r amser hwnnw.

Roedd o jest yn gyfnod erchyll. Roeddan ni dal yng nghyfnod y Covid a'r *lockdowns* a hynny i gyd wrth gwrs, ac roedd jest ryw synnwyr afreal iawn i'r cyfnod i gyd. Dwi'n gwybod bod lot o bobol yn teimlo hyn yn y cyfnod. Ond eto, roeddan ni fel teulu yn gwybod bod yr hyn oedd wedi digwydd i Arfon yn real iawn.

Mewn ffordd roeddan ni'n gorfod deud ffarwél bob dydd wrtho, ond ar 26 Mawrth, 2020 y daeth y diwedd i 'mrawd.

Ces alwad i fynd i mewn i'r ysbyty gan fod Arfon yn gwanio'n sydyn. Erbyn imi gyrraedd y ward, roedd o wedi'n gadael ni.

Wedyn es allan a jest stîlio fy hun i ddreifio adra i dorri'r newydd i Mam a Dad. Do'n i jest ddim yn gallu eu ffonio nhw efo newydd fel hyn.

Cyrraedd adra a beichio crio ar y wal wrth ymyl y tŷ.

Roedd torri'r newydd iddyn nhw y peth mwya anodd dwi wedi gorfod ei wneud erioed, dwi'n meddwl.

Rhaid deud bod pobol leol yn ffeind iawn efo ni yn y cyfnod hwn, y ffôn yn canu rownd y ril, cannoedd o gardiau yn landio acw, a phobol hefyd yn gadael pethau inni ar stepan y drws.

Ond mi roedd rhaid inni ddisgwyl am ddeg diwrnod ar gyfer y gwasanaeth yn y crematoriwm ym Mangor, ac ar un adeg doeddan ni ddim yn siŵr oeddan ni am gael mynd yno o gwbwl.

'Dwi ddim yn siŵr a gewch chi fynd yno o gwbwl, Sian, efo'r rhifau Covid yma'n codi eto'n lleol,' meddai Gwenan o'r trefnwyr Rose and Thistle wrtha i. Roedd hynny'n creu mwy fyth o boen meddwl am sbelan.

Yn y diwedd mi gafodd deunaw ohonon ni fynd i'r cnebrwng. Chwarae teg, roedd llawer o ffrindiau a chydnabod Arfon wedi leinio fyny ar hyd y ffordd i Rhos Elen wrth inni adael am y crem. Mi wnaeth hynny'n cyffwrdd ni i gyd.

Mi wnaeth Emlyn ein ficar ei orau dan yr amgylchiadau ond roedd yr angladd jest yn brofiad oeraidd iawn, pawb yn ista ar wahân i'w gilydd yn y *bubbles* 'ma. Ond yn ystod y gwasanaeth mi wnes i addo i Arfon y basa fo'n cael bod yn rhan o'r broses o glirio enw Dad, doed a ddelo.

Ac y bydda fo yn cael bod yno efo ni yn y dathliad mawr. Mi drefnais i bod hyn yn digwydd wrth gario *rucksack* Arfon ar fy nghefn pan aethon ni lawr ar gyfer y dyfarniad yn Llundain y flwyddyn wedyn.

Roedd hwn yn gyfnod rhyfedd iawn i ni fel teulu dros fisoedd lawer. Galaru am Arfon ar un llaw ond eto yn edrych ymlaen at ddiwrnod mawr rhyddhau Dad. Cyfuniad o dristwch a chyffro rhywsut, a'r ddau deimlad yn mynd ac yn dod, fel tonnau'n golchi drosta i bob dydd ar wahanol adegau.

Wel, fe ddaeth y diwrnod mawr a ninna'n teithio

lawr i Lundain ar y trên ar ddiwrnod braf iawn ar Ebrill 23, 2021. Dad, fi, Edwin, Lorraine Williams, postfeistres Llanddaniel oedd hefyd wedi mynd trwy brofiad tebyg i Dad, a'i merch Cameron.

Wedi inni gyrraedd yno, roedd yna *barriers* wedi eu gosod ar draws y Llys Apêl, ac mi roedd rhaid i'r teuluoedd aros ar ochr arall y lôn.

Yr hyn oedd yn anodd ofnadwy i fi ac Edwin oedd gweld Dad yn dod allan o'r llys am 11.00 ond eto heb syniad ganddon ni a oedd o wedi cael ei ryddhau neu beidio.

Roeddan ni'n gallu gweld ei fod yn ei ddagrau, ond ai dagrau o lawenydd oedd rheina ynta dagrau o siom a thristwch?

Dim ond wedyn, 'rôl inni gwffio'n ffordd trwy'r *media scrum* i gael bod wrtho fo, glywson ni ei fod o wedi cael ei ryddhau.

Mae yna lun ohona i jest yn sibrwd i'w glust o, 'Be sy wedi digwydd, Dad?'

'Dwi'n ddyn rhydd, Sian,' oedd ei ateb syml o cyn iddo gael ei lyncu bron gan nifer fawr o wahanol gyfryngau oedd isio ei holi fo am be oedd wedi digwydd.

Ymhen tipyn mi gawson ni fo 'nôl a chychwyn ar y trên adra i Gaerwen. Trip trên hapus iawn, alla i ddweud wrthach chi.

Roedd yr holl beth ar ben o'r diwedd. Yr holl ddagrau, yr holl nosweithiau di-gwsg yna, yr holl waith ymchwil diddiwedd ar y cyfryngau cymdeithasol, y diffyg bywyd cymdeithasol yna. Ond roedd o i gyd werth o y diwrnod hwnnw.

Ond er ennill yn 2019, a rŵan yn 2021, doedd y frwydr ddim ar ben gan mai'r cam nesaf fyddai sicrhau iawndal i Dad am yr hyn oedd wedi digwydd iddo.

A syrpréis, syrpréis, ar ôl yr holl amser gymrodd hi i gyrraedd fan hyn, roedd yna fwy o lôn o hyd i'w theithio o'n blaenau ni, a Sian Thomas yn gorfod dal ati o hyd i frwydro dros ei thad. Ond stori arall ydi honno.

YR YMATEB LLEOL
Roedd yna ymateb anhygoel yn lleol wedi'r newydd am y
dyfarniad. Dyma rai o'r negeseuon a adawyd ar dudalen
Facebook Sian dros y dyddiau wedi'r newydd o'r Uchel
Lys:

'Newyddion mor dda i rai sydd wedi diodda. Uffern
a charchar i rai ohonynt.'

'Arbennig iawn, Noel. Wedi crio pan glywes i'r
newyddion. Anghyfiawnder erchyll. Corporations
mawr diegwyddor. Oeddan ni'n gwbod o'r dechrau
bo chdi'n hollol ddieuog sti.' — Arfon Wyn

'Newydd glywed y newyddion gwych, cofion
cynnes at dy dad a hugs mawr iddo gen i, brilliant i
bawb arall hefyd. Xxx' — Carys Jones

'Mor falch fod y poen meddwl a'r aros ar ben ichi
o'r diwedd, Noel. Wrth ein bodd drosoch chi.' —
Edward Morus Jones

'Oh! Sian, dwi wedi crio a crio ar ôl gweld dy dad ar
y teledu. Hug mawr iddo gan fi. XXX' — Carys Wyn

'Grêt – wastad meddwl y byd o dy dad a dy fam
roth groeso imi yn Gaerwen 34 years nôl ... hygs
mawr ... xxxx' — Rhian Watkin Owen

'Cyfiawnder o'r diwedd.' — Sharon Jones-Williams

'Llongyfarchiadau mawr. Ffantastic. Ond oedd
pawb sydd yn nabod o yn gwbod bod o'n innocent.
Gwarthus y ffordd maen nhw wedi trin y dyn.' —
Bleddyn Laslo Hughes

'Da iawn, Noel. Gobeithio fydd y bobol oedd yn dy roi di lawr yn ddigon sydyn i ddod atat ti i ddeud sori.' — Will Thomas

'Brilliant. O'r diwedd – mor falch drostach, wedi bod yn amser ofnadwy ichi xx' — Valmai Brown

'Da iawn wir, newyddion gwerth chweil x' — Rhian Owen Jones

'O'r diwedd. Y diwrnod yma wedi bod yn llawer rhy hir yn cyrraedd. Rhyddhad mawr i bawb. Da iawn.' — Jan Bailer

'We always knew this day would come but the stress and the heartache caused is immeasurable. Xx' — Diane Varah

'So pleased to finally see justice prevail. Give your dad a massive hug from me, my mum, Dad and Stephen. Well done on never giving up the fight! Xxx' — Helen Scaife

'This has taken way too long. I'm delighted for you all, my heart bleeds for the horror we all went through, particularly your dad xx' — Sarah Williams-Davies

'Wonderful news, Sian. At long last! Love to your dad and all the family xx' — Esme Williams

'Thank God, but well overdue. What you have gone through as a family, I can only imagine xx' — Elaine Holmes

'Always innocent. Never more of an honest man. Da iawn, Noel.' — Gwen Evans

SYLWEBAETH ALED:
Un o'r elfennau syfrdanol am yr achos hwn yn y Llys Apêl ar Ebrill 23, 2021 oedd bod Llywodraeth San Steffan o flaen eu gwell hefyd ar un ystyr gan mai'r Llywodraeth trwy eu hadran Business, Energy and Industrial Strategy, BEIS, yw'r unig gyfranddaliwr ym musnes Post Office Limited, POL.
Mewn gwirionedd, roedd POL, Fujitsu a'r Llywodraeth ynghlwm gyda'i gilydd yn yr holl saga. Daeth y cysylltiad hwn rhyngddynt yn amlycach fyth wedi i'r ymchwiliad cyhoeddus ddechrau yn niwedd 2021. Y diwrnod braf hwn, dydd Gwener, Ebrill 23, oedd cychwyn y broses o ddwyn hyn i gyd i olwg y cyhoedd.
Wedi'r holl waith paratoi, hanner awr gymerodd y tri Law Lord, Arglwyddi'r Gyfraith, i gyhoeddi eu dyfarniad y bore hanesyddol hwnnw, gan grynhoi pethau'n fyr a darparu dogfen ysgrifenedig i'r holl hawlwyr awr yn ddiweddarach.
Dyma'r hyn a ddywedodd Arglwyddi'r Gyfraith wrth drafod achos Noel. Wrth ystyried y ffaith ei fod wedi cael ei garcharu am gamgyfrifo ar y sail ei fod yn derbyn bod Horizon yn gweithio'n berffaith, dyma'u dyfarniad:

i)   There was no justification for POL imposing such a condition before accepting Mr Thomas's plea.
ii) POL had dropped the theft charge and could no longer advance any case that he had stolen the money. That should have left the way open to Mr Thomas to suggest that there was no actual loss and he had only covered up a shortfall Horizon had created.

iii) An attendance note suggests that he was pressured into accepting a positive position on Horizon as a condition of POL dropping the theft charge and accepting a plea to false accounting.

iv) It is arguable that this exerted undue pressure on the appellant to accept that Horizon was 'working perfectly' before POL would be prepared to drop the theft, which had the effect of imposing this agreement on him as a prior condition to dropping theft and taking the pleas to the alternative charge.

Prif ddyfarniad Arglwyddi'r Gyfraith yn ei hanfod oedd bod POL wedi methu mewn modd difrifol iawn â chyflawni eu dylestwyddau sylfaenol wrth erlyn SPMs ar sail data Horizon, gyda hynny wedyn wedi atal pob is-bostfeistr rhag cael achos teg ymhob achos llys a gynhaliwyd yn eu herbyn. Crynhowyd y cwbl gyda'r frawddeg gofiadwy hon:

The failures of investigation and disclosure were in our judgement so egregious as to make the prosecution of any of the "Horizon cases" an affront to the conscience of the court.

Er bod eu dyfarniad wedi pwyso'n drwm ar 'Common Issues' Mr Justice Fraser yn 2019, roedd yna dystiolaeth newydd hefyd oedd wedi dod i'r fei ers hynny ac a grybwyllwyd ganddynt yn eu dyfarniad. Roedd peth o'r dystiolaeth newydd hon i gael ei hasesu ymhellach yn yr ymchwiliad cyhoeddus oedd i gychwyn yn ddiweddarach yn 2021.

Yn ystod yr ymchwiliad hwn datgelwyd am y tro cyntaf fodolaeth 'The Swift Review', adroddiad damniol oedd wedi ei sgwennu ar gyfer POL yn 2016 gan fargyfreithiwr o'r enw Jonathan Swift QC.

Roedd BIS, Adran Busnes a Thechnoleg y Llywodraeth, wedi comisiynu'r adroddiad hwn gan Jonathan Swift i asesu sut roedd y Post wedi delio â'r cwynion am y system Horizon. Ynddo, roedd Swift wedi dweud bod yna le i bryderu'n wironeddol am safon y dystiolaeth oedd wedi ei defnyddio i erlyn is-bostfeistri, a phryderon difrifol am rai o'r tactegau oedd wedi eu defnyddio ganddynt. Meddai:

The allegation that POL has effectively bullied SPMs into pleading guilty to offences by unjustifiably overloading the charge sheet is a stain on the character of the business.

Roedd yr ymchwiliad cyhoeddus dan gadeiryddiaeth Syr Wyn Williams hefyd i gynnwys rhagor o wybodaeth syfrdanol yn niwedd 2022 a dechrau 2023. Ymddengys fod Bwrdd y Swyddfa Bost wedi gwrthod cymeradwyo'r broses o gyflwyno'r system Horizon i swyddfeydd post ym mis Medi 1999 gan ddynodi pryderon ynghylch 'hyfforddiant, sefydlogrwydd y system ac ansawdd y data' – dim ond i'r penderfyniad hwnnw gael ei droi ar ei ben fis yn unig yn ddiweddarach, yn Hydref 1999.

Gwelwyd un o uwch-swyddogion Horizon, David Miller, wedyn yn ymddiheuro i'r ymchwiliad ei fod erioed wedi datgan bod y system yn 'robust' a 'fit for purpose', gan nad oedd y system erioed wedi bod felly mewn gwirionedd.

Cafwyd tystiolaeth ddamniol hefyd gan Reolwr Datblygu o'r enw Dave McDonnell, cyd-awdur adroddiad oedd wedi rhybuddio am broblemau gyda Horizon yn ôl yn 1998, cyn iddo gael ei gyflwyno mewn swyddfeydd post. Nododd McDonnell fod yna awyrgylch megis y 'Wild West' ymhlith y rhai oedd yn datblygu'r EPOS, y rhaglen ar gyfer system gyfrifiadurol Horizon – dim safonau, dim strwythur a dim disgyblaeth. Roedd y code a ddatblygwyd ganddynt ar gyfer y system ymhlith y gwaethaf iddo ei weld erioed yn ei yrfa broffesiynol.

Yn ystod yr wythnosau olaf, cafwyd mwy fyth o dystiolaeth ffrwydrol yn dod i'r golwg yn yr ymchwiliad, gan gynnwys un o'r datgeliadau mwyaf damniol yn yr holl saga hir. Wrth i'r Ismay Report, adroddiad mewnol ar gyfer y Swyddfa Bost yn 2010, gael ei ryddhau i'r gofod cyhoeddus am y tro cyntaf, gwelwn fod yr awdur yn cynghori'r Post i beidio, ar boen eu bywyd, ymchwilio i unrhyw gwynion am fethiannau'r system Horizon. Rhag i hynny agor y llifddorau'n llwyr ar gwynion o'r gorffennol a chwynion i'r dyfodol am y system honno.

A'r adroddiad hwnnw'n golygu bod artaith Noel a llu o bostfeistri eraill wedi ei hymestyn am ddeg mlynedd greulon arall.

Wrth i'r llyfr hwn fynd i'r wasg, bydd yna ffigurau amlwg eraill yn y stori yn debyg o gael eu holi gan Syr Wyn Williams, gan gynnwys mwy o uwch-swyddogion yn y Swyddfa Bost, a hyd yn oed rhai o'r gwleidyddion oedd yn ei chanol hi hefyd.

Byddai'n eironig eithriadol pe bai'r saga fawr hon yn darfod wrth fynd yn ôl i'r dechrau un a chwestiynu un o brif weinidogion gwledydd Prydain a'i holi pam y mynnodd lansio system ddiffygiol, a fyddai'n achosi cymaint o boen, tor calon a cholledion personol ac ariannol mawr i gannoedd o is-bostfeistri dros nifer fawr o flynyddoedd.

Fyddai hynny ddim yn gwneud iawn am y cwbl a ddigwyddodd iddynt, ond byddai Noel a'i gyd-bostfeistri o leia'n teimlo bod rhywun ar y lefel uchaf un yn yr holl saga wedi cael ei alw i gyfrif am y cwbl o'r diwedd.

Epilog

Yn ôl yn y 1950au, rhybuddiodd yr awdur Cristnogol C. S. Lewis ei fod yn gweld cyfnod yn dod pan fyddai technoleg yn cael ei gosod uwchlaw dyn ei hun yn ein cymdeithas. Byddai technoleg, meddai, yn cael ei haddoli a'i hystyried yn bwysicach ac yn fwy dibynadwy na bodau dynol. Gellid ystyried yr hyn a ddigwyddodd i Noel Thomas fel enghraifft o wireddu rhybudd C. S. Lewis mewn modd arswydus iawn yn ein cyfnod ni.

Mi wnaeth ffydd ddall y Swyddfa Bost, cwmni Fujitsu a phedair llywodraeth wahanol yn nhechnoleg Horizon, a'u hamharodrwydd i dderbyn y gallai'r dechnoleg hon fod yn wallus, gondemnio Noel a rhesaid o is-bostfeistri eraill i garchar, a blynyddoedd o artaith meddyliol ar ben hynny.

Ar hyn o bryd, mae ymchwiliad cyhoeddus dan gadeir-yddiaeth y Cymro Syr Wyn Williams yn ceisio dod o hyd i atebion ynghylch y cwbl a ddigwyddodd. Ond er y misoedd o waith ymchwil, dim ond crafu'r wyneb a wnaed hyd yma ac y mae llawer o gwestiynau sy'n dal heb eu hateb yn iawn.

Oherwydd hynny, mae'n addas ein bod yn gorffen y gyfrol hon drwy ofyn i Noel a Sian eu hunain, beth ydi'r un cwestiwn mawr yr hoffen nhw gael ateb iddo uwchlaw popeth trwy gyfrwng yr ymchwiliad cyhoeddus hwn.

Cwestiwn Noel ydi: 'Pam ddaru'r awdurdodau gario

'mlaen efo'r system yma pan oeddan nhw'n gwybod yn iawn yn ôl yn 1999, os nad cyn hynny, bod yna broblemau mawr iawn efo'r system? A pham cario 'mlaen i gogio fod popeth yn iawn am flynyddoedd wedyn, er yr holl wybodaeth newydd oedd wedi ei chyflwyno iddyn nhw?'

Cwestiwn Sian ydi: 'Pryd gawn ni'r holl wir am yr hyn ddigwyddodd? A phryd, o pryd, y bydd rhywun yn rhywle yn atebol am yr hyn a gafodd ei wneud i bobl ddiniwed fel Dad, ac am ddinistrio bywydau cymaint o bobl yn y broses?'

Mae'r ddau ohonyn nhw'n byw mewn ffydd y cawn nhw atebion i'r cwestiynau hyn yn y diwedd. Ond gyda'r ymchwiliad cyhoeddus i bara trwy gydol 2023 ac efallai trwy ran o 2024 hefyd, mae un peth yn saff: tydi'r stori hon ddim ar ben o bell ffordd.